Jim Rogers

Leçons d'investissement d'un père à ses enfants

Traduit de l'américain par Gabrielle Montet

Édition originale : « A Gift to My Children »
ISBN : 978-1-4000-6754-1

Édition française : « Leçons d'investissement d'un père à ses enfants »

80 bis avenue des Mimosas - 64700 Hendaye. Tél. 05 59 20 45 71

ISBN : 978-2-909356-94-5

J'en suis entièrement redevable à Page.
J'espère que mes enfants auront le meilleur
des deux mondes : le physique de leur
mère et le cerveau de leur mère.

Table des matières

Préface

Les lecteurs de mes précédents livres remarqueront tout de suite que celui-ci est différent. Il ne traite ni de mes voyages autour du monde, ni de mes conseils sur la meilleure façon d'investir son argent. Il s'intéresse aux leçons que j'ai tirées de mon expérience ; des leçons qui je l'espère, apparaîtront plus utiles aux investisseurs, jeunes ou moins jeunes, que ce que j'ai pu écrire auparavant. Tout ceci a été déclenché par deux événement : la naissance de ma fille aînée, Happy, en 2003, et celle de sa sœur, Baby Bee, en 2008.

Je dois admettre qu'il n'y a pas si longtemps j'aurais tourné en dérision l'idée même d'avoir des enfants. J'ai grandi en Alabama, j'étais l'aîné parmi cinq garçons et, bien que j'aimais beaucoup mes frères, il fallait que je passe le plus clair de mon temps à m'occuper d'eux ! En outre, je ne pouvais m'empêcher de voir le fardeau que mes quatre frères et moi représentions pour mes parents sur le plan financier et ce, malgré le fait qu'ils nous adoraient. Plus tard dans ma vie, je fus trop occupé à travailler et à voyager pour penser à devenir père. Avoir des enfants me semblait une perte de temps, d'argent et d'énergie qui m'empêcherait de vivre mes passions. Franchement, parfois j'avais même pitié des gens qui avaient des enfants. Comment faisaient-ils pour avoir du temps et de l'argent pour faire autre chose qu'élever leurs enfants ? Jamais je ne ferais une telle bêtise, me disais-je. Comme j'avais tort !

Avoir des enfants, c'est comme investir (et presque tout dans la vie) : il faut le faire au bon moment. Si j'étais devenu père à vingt, trente, quarante, ou même cinquante ans, cela aurait été un désastre pour moi, pour la mère, et surtout pour mes enfants. Mais aujourd'hui j'ai assez d'expérience, de temps et d'énergie pour me consacrer à ma nouvelle passion.

Quand j'étais enfant, mon père me prenait souvent à part pour me donner des leçons destinées à forger mon caractère. Bien que ses conseils aient été très simples (travaille dur, pense par toi-même, ne fait de mal à personne), je crois que ces leçons m'ont aidé à bâtir ce qu'est devenu ma vie d'adulte. Maintenant que je suis père à mon tour, je voulais les regrouper dans un recueil et y ajouter des exemples tirés de ma propre expérience, afin de constituer un guide sur la vie, l'aventure et l'investissement, pour mes filles, mais aussi pour tous ceux et celles qui souhaitent réussir dans le domaine qu'ils ou elles ont choisi. J'espère que les parents souhaiteront offrir ce livre à leurs enfants, et vice-versa, puisque plusieurs des conseils que je vais donner ici s'appliquent non seulement aux jeunes, mais à tous les adultes, par exemple : ne prenez rien pour argent comptant, ne suivez jamais les mouvements de foule, et faites attention aux garçons !

Introduction

Mes chères filles,

Votre père est un investisseur, un homme qui a travaillé dur pour apprendre comment gagner assez d'argent pour prendre tôt sa retraite, et qui y est arrivé à l'âge de trente-sept ans. Je veux partager avec vous ce que j'ai appris de mon expérience.

J'ai grandi dans une petite ville, à la campagne, appelée Demopolis, et tout ce que je voulais, c'était de gagner assez d'argent pour avoir la liberté de vivre ma vie comme je l'entendais. J'ai décroché mon premier travail à l'âge de cinq ans : je ramassais les bouteilles de soda consignées sur le terrain de baseball du coin. J'ai enchaîné ensuite plusieurs petits boulots, tout au long de mon enfance, et ai réussi à entrer à Wall Street, où j'entrevis l'opportunité de me faire payer pour assouvir ma passion : parcourir le monde et essayer de le comprendre. Et c'est bien ce qui s'est passé : en moins de quinze ans, j'ai accumulé assez d'argent pour pouvoir prendre ma retraite. Libéré du travail de bureau, qui m'était pénible, je pouvais aller où bon me semblait et allier ma passion pour l'aventure à celle de la découverte de nouvelles cultures afin de comprendre le monde.

J'ai toujours aimé travailler et avoir du succès, mais maintenant, ce qui me remplit de joie plus que tout autre chose, c'est ma famille. Je veux partager avec vous tout ce qui me semble important que vous sachiez afin que vous aussi vous puissiez trouver le bonheur et le succès.

Chapitre 1

Nagez pour vous-mêmes : ne laissez pas les autres penser à votre place

Comptez sur votre intelligence

Dans votre vie, il y aura des moments où vous devrez prendre des décisions très importantes. Vous trouverez beaucoup de gens prêts à vous donner des conseils si vous le leur demandez (et même si vous ne leur demandez pas), mais vous devez toujours vous rappeler que la vie que vous menez est vôtre, et vôtre seulement. Il est essentiel que vous décidiez par vous-même de ce qui est important pour vous et de ce que vous voulez, avant que vous ne sollicitiez votre entourage. En effet, même si parfois les conseils des autres vous aideront, la plupart du temps ces conseils se révèleront complètement inutiles. La seule façon de juger de la valeur de ces conseils, c'est d'abord d'apprendre tout ce que vous pouvez sur le défi auquel vous êtes confronté. Et une fois cela fait, le plus souvent vous serez capable de décider seules en connaissance de cause.

Vous êtes nées avec la capacité de décider ce qui est bon et ce qui est mauvais pour vous. La plupart du temps, vous prendrez la bonne décision et agirez comme il le faut et, en pensant par vous-même, vous aurez bien plus de succès que si vous n'aviez pas suivi votre idée. Croyez-moi, j'en sais quelque chose.

Au début de ma carrière d'investisseur, j'ai commis l'erreur de suivre les conseils de mes collègues pour prendre quelques décisions importantes, au lieu de faire les recherches nécessaires pour me faire ma propre opinion. Non pas que j'aie été fainéant - personne ne peut m'accuser de paresse. Mais, étant nouveau à Wall Street, j'avais tendance à croire que mes collègues plus âgés en savaient plus que moi, et j'attachais trop d'importance à leurs opinions. Vous savez ce qui s'est passé ? Chacun de ces investissements a été un échec. J'ai fini par arrêter de me laisser influencer par les autres et j'ai commencé à prendre mes propres décisions. Ce fut une véritable révélation. J'ai dû attendre d'avoir presque trente ans pour avoir cette révélation, et pour savoir qu'il n'est jamais trop tard pour changer son attitude par rapport aux affaires et à la vie en général.

Je me rappelle avoir lu dans un magazine, une interview de la nageuse américaine Donna de Varona, deux fois médaillée d'or aux Jeux Olympiques d'Eté de Tokyo en 1964. Le journaliste remarquait qu'au début de sa carrière, elle était une bonne nageuse, mais elle n'était pas exceptionnelle, alors que maintenant qu'elle avait dix-sept ans, elle avait fini première de deux courses de quatre cent mètres. Que s'était-il passé ? Elle répondit : « j'avais l'habitude de regarder les autres nageuses, puis j'ai appris à les ignorer et à nager pour moi-même ».

Si quelqu'un se moque de votre idée, considérez cela comme un signe de succès probable !

Si votre entourage essaie de vous empêcher de prendre certaines décisions, ou tourne vos idées en ridicule, prenez ça comme un bon signe. Bien sûr, il peut être difficile de ne pas suivre le troupeau, mais la vérité, c'est que la plupart des gens qui ont eu du succès ont tracé leur propre chemin. Laissez-moi vous donner un exemple.

Quand j'avais trente-deux ans, l'un de mes collègues de Wall Street m'a invité à me joindre à un groupe d'hommes d'affaires intelligents et reconnus qui se réunissaient régulièrement pour échanger leurs idées autour d'un dîner. A l'époque, mon associé et moi en étions aux premières années de notre fonds spéculatif appelé le Quantum Fund. C'était un honneur d'être invité à ces dîners et, je dois l'admettre, j'étais un peu nerveux. Après tout, ces hommes étaient les meilleurs dans mon domaine, et la plupart avait beaucoup plus d'expérience que moi.

Nous étions assis dans le salon privé d'un restaurant chic de Manhattan, quand notre hôte demanda à chaque invité de recommander un investissement. La plupart recommandèrent des valeurs de croissance. Quand mon tour vint, je recommandai Lockheed, la compagnie aérospatiale. Autrefois, elle était extrêmement prospère, mais à partir des années 1970, elle s'était effondrée. L'homme qui était assis en face de moi à table eut un sourire moqueur et, en s'assurant que je l'entende, murmura : « Qui pourrait acheter de telles actions ? Pourquoi acheter une entreprise en faillite ? ».

A peu près six ans plus tard, je suis retombé sur cet homme. Je me suis retenu de lui rappeler sa remarque condescendante. Ce ne fut pas facile, étant donné que l'action s'était appréciée de manière considérable, pour toutes les raisons que j'avais mentionnées lors du dîner : l'entreprise avait supprimé l'une de ses divisions qui lui faisait perdre de l'argent, et s'était ensuite concentrée sur le domaine prometteur des systèmes de guerre électroniques. De plus, comme on aurait pu le prévoir, le budget de la défense avait rapidement augmenté après une période de déclin.

J'ai connu une situation similaire avec mes investissements en Chine. Certains appelaient ce pays le cimetière pour investisseurs et, jusqu'à la fin des années 1990, peu d'Occidentaux y investissaient. Mais ceux qui le faisaient gagnaient une fortune. Que savais-je donc que les autres ignoraient ? Dans les années 1980, j'ai senti le potentiel de la Chine et décidais d'apprendre tout ce que je pouvais à propos de ce pays, et de commencer à y investir. Beaucoup de gens m'ont dit que j'étais fou, que le gouvernement communiste chinois confisquerait l'argent gagné par les investisseurs, en particulier par des étrangers. Mais j'ai suivi mon instinct, étudié les tendances politiques en Chine, grâce à tous les documents auxquels j'ai pu avoir accès. Mais surtout, j'ai loué une voiture et voyagé à travers le pays plusieurs fois, et c'est un grand pays. Et voilà ce que j'ai vu de mes propres yeux : la Chine avait plus d'un milliard de travailleurs qui économisaient plus du tiers de leurs revenus annuels. C'est une proportion remarquable. Au contraire, aux Etats-Unis, ce taux n'était que de quatre pour cent. Aujourd'hui, il n'est que de deux pour cent. Partout où j'allais, je voyais que le capitalisme et l'esprit d'entreprise qui caractérisait la Chine autrefois étaient enfin réapparus, suite à l'échec du communisme. Et ces caractéristiques n'étaient pas prêtes de disparaître.

Je fus marqué par le fait que les Chinois travaillaient du lever jusqu'au coucher du soleil. Dans une ville, j'ai rencontré un fermier appelé le Roi des Pommes à cause de ses immenses vergers de pommiers qu'il possédait. Dans une autre, j'ai parlé avec un riche hôtelier qui me dit avec fierté qu'il avait commencé en vendant du pain aux fermiers qui partaient travailler à l'aube. Les villes chinoises grouillaient de jeunes étudiants qui voulaient construire leur propre avenir et être plus riches que la génération de leurs parents. Ils apprenaient l'anglais et le japonais plutôt que le russe ; ils voyaient où était l'argent. Pendant ce temps, les médias occidentaux persistaient à parler du pays comme de « la Chine de Mao Tsé-toung », alors que le dictateur communiste était mort en 1976. Ils ne voyaient pas les changements que connaissait la Chine, et je ne les aurais pas vus non plus si je n'y étais pas allé et ne m'étais pas immergé dans la société chinoise. J'en suis revenu en pensant, comment un pays comme celui-ci ne pourrait-il pas connaître une forte croissance ? Depuis, le développement économique de la Chine a dépassé non seulement celui des Etats-Unis, mais aussi celui de presque tous les autres pays du monde.

Soyez vous-même ! Soyez originales ! Osez !

Regardez bien ces hommes et ces femmes qui ont réussi dans leur domaine de compétence. Bien sûr, tout le monde peut avoir de la chance une fois dans sa vie, mais je parle de ces gens qui ont accumulé les succès. Qu'ils soient artistes ou musiciens, professeurs dans un lycée ou une université, ils ont tous une approche nouvelle et originale de leur travail. C'est aussi vrai pour les entreprises. Par exemple, regardez Apple Computer. Steve Jobs et compagnie ont refusé d'accepter la prévision logique selon laquelle ils seraient écrasés par les géants IBM et Microsoft. Apple a continué à produire des produits innovants de haute qualité, et son nom a été rayé de la liste des entreprises en voie de disparition. En fait, la société est aujourd'hui florissante.

Je veux que vous écoutiez vos désirs et aspirations avec le même courage et la même dévotion. Votre père a eu du succès en tant qu'investisseur, mais ça ne veut pas dire que vous devez faire le même métier. Ce que je veux, c'est que chacune d'entre vous soit elle-même, originale et unique.

Par dessus tout, respectez l'éthique

Au fur et à mesure que vous grandirez, je continuerai à vous guider. Parfois, je ne serai peut-être pas d'accord avec vos choix, mais vous ne devez pas accepter mes conseils simplement parce que je suis votre père. Je vous considère comme des êtres humains indépendants. D'autres diraient que vous êtes trop jeunes pour décider seules. Je réponds, faites ce que vous voulez, tant que vous utilisez vos facultés de jugements pour choisir ce qui est bien sur le plan éthique.

Bien que vous n'ayez pas à vous préoccuper de ce qu'on appelle le « bon sens » et d'autres notions préétablies, vous devez respecter les règles, les lois et les pratiques éthiques sans lesquelles la société ne peut exister. C'est ce qu'on attend de chaque personne. Ce n'est pas seulement la façon de vivre la plus convenable, c'est aussi la plus intelligente. Les personnes honorables ne se retrouvent pas aux prises avec des ennuis judiciaires, et ce sont toujours celles qui s'en sortent le mieux sur le long terme. Certaines personnes qui ne manquaient pourtant pas d'intelligence, ont eu de sérieux problèmes quand elles ont essayé de gagner de l'argent facilement, voire parfois, illégalement. Si elles s'étaient employées à rester honnêtes, elles auraient probablement gagné encore plus.

Economisez

Vous rencontrerez des gens qui vous inciteront à dépenser librement votre argent. Ils vous diront : « Vous ne l'emporterez pas au paradis ! ». Quand vous grandirez, vous aurez sûrement des amis qui dîneront tous les soirs dans de grands restaurants, achèteront le dernier gadget à la mode, et passeront leurs vacances dans des stations balnéaires chics. Vous ne devez pas tomber dans le piège qui consiste à dépenser sans compter simplement parce que vous le pouvez. Non seulement c'est le premier pas vers la ruine, mais cela peut aussi vous amener à oublier ce qui est important dans la vie.

Je ne dis pas que vous ne devriez jamais voyager ou vous faire un petit plaisir. Je suggère simplement que vous devriez vous demander sérieusement si la chose que vous pensez faire ou comptez acheter en vaut vraiment la peine, ou si les bénéfices que vous en tirerez ne seront que passagers. J'ai été marié à une femme dispendieuse qui passait son temps à me harceler pour que j'achète un nouveau canapé, une nouvelle télévision, etc. Je lui expliquais que si nous économisions et investissions notre argent judicieusement, un jour nous pourrions nous acheter dix canapés, ou plus. Je n'ai pas besoin de préciser que notre mariage ne dura pas, et aujourd'hui j'ai de la chance d'avoir votre mère, qui partage la même vision que moi à ce sujet.

Happy, tu as déjà cinq tirelires, et tu aimes y mettre de l'argent. S'il te plaît, continue à économiser. Ceux qui économisent et qui investissent habilement auront moins de problèmes d'argent. Aide-nous à expliquer à ta petite sœur, Baby Bee, l'importance de faire des économies.

Chapitre 2

concentrez-vous sur ce que vous aimez

L'âge n'a aucune importance lorsqu'on cherche passionnément à atteindre un objectif

J'ai créé ma première entreprise en 1948 à l'âge de six ans. Peut-être un peu jeune pour être un entrepreneur, me direz-vous, mais l'âge n'a pas d'importance quand vous avez la passion. Au lieu de jouer au baseball avec mes amis, je préférais passer mon temps à ramasser des bouteilles vides pendant leurs matchs, pour gagner quelques pièces. Quand mon père proposa de me prêter de l'argent pour créer ma propre petite entreprise, je sautai sur l'occasion. J'achetai une machine à faire griller les cacahuètes pour 100 dollars (une somme énorme pour l'époque, surtout dans un coin perdu d'Alabama) et la vente à la criée de cacahuètes et de boissons dans les matchs amateurs du Comté me rapporta beaucoup d'argent. Je parcourais les gradins en vitesse, essayant d'écouler autant de cacahuètes que je pouvais avant la fin des matches et, il fallut très vite que j'embauche mes frères et mes amis pour suivre le rythme de la demande. Cinq ans plus tard, je remboursai entièrement le prêt à mon père tout en gardant 100 dollars dans mon compte en banque.

A l'Université d'Oxford, je me rendis compte que je préférais investir qu'être entrepreneur. J'utilisai une partie de ma bourse pour acheter quelques actions IBM et me pris vite au jeu. Si vous trouverez quelque chose qui vous intéresse, que l'âge ne soit pas un prétexte pour vous empêcher de le faire. Soyez courageuses, et, comme le claque le slogan de l'équipementier sportif Nike, « Just do it. »

Consacrez-vous à ce qui vous passionne

Par où devez-vous commencer pour arriver à rencontrer le succès ? La réponse est simple : explorez autant de pistes que vous le pouvez, puis choisissez celle (les deux, ou les trois) qui vous passionne. J'ai réussi en investissant parce que c'est ce que je préférais faire. Mais si vous aimez cuisiner, ouvrez votre propre restaurant. Apprenez à danser si c'est là votre point fort. Devenez jardinier si c'est votre passion. Peut-être qu'un jour vous voudrez développer votre propre chaîne de magasins de jardinage. La voie la plus rapide qui mène au succès est de faire ce que l'on aime, et d'y mettre le meilleur de soi-même.

Ma passion pour l'investissement était liée à la fascination que j'avais pour tout ce qui se passait dans le monde. Quand j'étais écolier, dès l'école primaire, j'avais une curiosité insatiable pour tout ce qui concernait les pays étrangers, notamment sur leur Histoire. Plus tard, quand je suis arrivé à Wall Street, je me rendis compte que des gens étaient prêts à me payer beaucoup pour que j'utilise de telles connaissances, par exemple, pour que je leur explique que parce qu'une révolution se préparait au Chili, le prix du cuivre allait beaucoup augmenter.

Les gens les moins heureux que je connaisse sont ceux qui se sont emprisonnés dans des boulots qu'ils n'aiment pas, la plupart parce qu'ils ne supportaient pas l'idée d'abandonner la sécurité de leur emploi. A l'école primaire, j'avais une institutrice appelée Mlle. Martin, qui arrivait à donner vie à toutes les matières qu'elle enseignait. Elle avait toujours l'air heureuse de nous voir, alors que nous vivions dans une petite ville perdue dans l'Etat de l'Union où le salaire des professeurs était le plus bas de tout le pays ! J'ai rarement rencontré quelqu'un d'aussi heureux et dévoué à son travail que Mlle. Martin, et il était évident qu'elle aimait beaucoup ce qu'elle faisait.

Même quand j'étais tout jeune, j'aurais volontiers travaillé sans être payé si j'avais pu me le permettre. Les gens qui vivent leur passion ne vont pas au travail. Ils se lèvent chaque jour en se réjouissant de pouvoir faire ce qu'ils aiment. Je suis un investisseur. Si j'avais essayé un autre métier, comme médecin, styliste ou je ne sais quoi d'autre, ma vie n'aurait pas été aussi heureuse. (Surtout si j'avais choisi le stylisme. Jusqu'à ce jour, je ne sais toujours pas quelles couleurs se marient bien ensemble, heureusement que votre mère est là !) C'est pour cela que je vous conseille de commencer par quelque chose qui vous intéresse et que vous aimez vraiment. Même si vous ne devenez pas riche en faisant de votre passion votre travail, vous serez riche en satisfaction. En plus, vous serez heureuses. Et ça, cela c'est quelque chose qui n'a pas de prix.

Chapitre 3

Les bonnes habitudes à prendre pour bien vivre et investir judicieusement

Sachez prendre des initiatives

A quatorze ans, je passais tous mes samedi matins à travailler pour mon oncle Chink, que l'on appelait comme ça depuis les années 1920 car les gens en Alabama trouvaient qu'il ressemblait à un Chinois. Maintenant, ça me paraît grotesque. Il était propriétaire d'une minuscule épicerie en face d'une usine. Les ouvriers venaient y acheter des sandwiches et des cigarettes et chiquer du tabac : c'était ce genre de magasin. Mon boulot, c'était d'aider les clients dans leurs achats et de remplir les rayons. Parfois, les clients se faisaient très rares, mais je ne restais jamais là à ne rien faire, en partie parce que je suivais les conseils de mon père, Jim Senior, le manager de l'usine chimique Borden de la ville.

« Il y a toujours quelque chose à faire », me répétait-il. Et quand il n'y a rien d'autre à faire, enlève la poussière des étagères.

C'est exactement ce que je fis. Mon esprit d'initiative impressionna tellement mon oncle qu'il augmenta mon salaire sans que je ne le lui ai demandé. Ce fut une énorme surprise, puis qu'Oncle Chink n'était pas vraiment généreux avec son argent.

Trois ou quatre ans plus tard, je dédiai la même énergie à un travail que j'obtins grâce à M. Brooker, un maçon du coin. Au début, je ne savais même pas planter un clou, et mes collègues ne se gênaient pas pour me le faire remarquer. Mais quand nous attendions de recevoir des matériaux de construction ou que nous n'avions rien à faire, je ramassais les débris de bois ou balayais le sol.

- Vous pouvez bien dire ce que vous voulez, leur dit le contremaître, mais ce gosse n'arrête jamais. Il a la bonne attitude, la bonne approche, et je veux qu'il travaille pour moi.

Je finis par arriver à planter des clous aussi vite que les autres, à creuser des fondations, à installer des toits, et je maîtrisais aussi tous les autres savoir-faire nécessaires à ce travail. Si je n'avais pas eu

Une telle éthique au travail, je n'aurais peut-être jamais eu cette chance.

L'attention que l'on porte aux détails est ce qui sépare le succès de l'échec

Si vous aimez ce que vous faites, vous voudrez naturellement le faire du mieux que vous pouvez. Pour les investissements, comme dans la vie en général, les petits détails font souvent la différence entre le succès et l'échec. Vous devez donc être attentives ! Même si vous pensez que ça n'a aucune importance, vous devez faire des recherches et vérifier chaque information dont vous avez besoin pour prendre une décision. Ne laissez aucune question sans réponse, n'ignorez aucun sentiment d'incertitude. La raison principale pour laquelle une personne ne réussit pas est que ses recherches ont été mal conduites, ou limitées à la surface du problème. Ce n'est qu'en conduisant des recherches méticuleuses que vous obtiendrez le savoir nécessaire au succès. Cela nécessite beaucoup de travail et d'assiduité, mais ces efforts vous donneront un avantage certain sur vos concurrents.

Quand j'étais jeune étudiant à l'université de Yale, un major de la faculté d'Histoire me demanda combien d'heures j'avais étudié pour un examen que nous avions passé peu avant.

- J'y ai passé cinq heures, dit-il, très satisfait de lui-même.

Je ne pouvais pas lui donner un chiffre exact, puisque je n'avais jamais arrêté de travailler. Arrivant à Yale de mon Alabama rural, la vérité, c'est que je croulais sous les devoirs. La plupart des autres étudiants venaient de lycées élitistes et étaient bien mieux préparés que je ne l'étais. Mais mon avantage se révéla être ma capacité à étudier beaucoup plus qu'eux. Je n'en faisais jamais assez. Il n'y avait pas de ligne d'arrivée.

Si et quand vous décidez de vous lancer dans l'investissement ou dans ce qu'il vous plaira, ne sous-estimez jamais la valeur de l'assiduité. Etudiez chaque rapport financier que vous pouvez vous procurer, notamment les notes détaillées. Si vous vous contentez de lire les rapports annuels des compagnies, vous aurez déjà fait plus que 98 pour cent des investisseurs. Si vous lisez également les notes de bas de page, vous en aurez fait plus que 99,5 pour cent. Vérifiez tout ce que vous lisez, et aussi les prévisions annoncées par vos supérieurs hiérarchiques, en faisant votre propre enquête. Parlez aux clients, aux fournisseurs, aux concurrents, et à tout autre personne qui pourrait avoir un lien avec l'entreprise étudiée. N'investissez pas sans que vous puissiez affirmer avec une absolue certitude que vous en savez plus sur cette entreprise que 98 pour cent des analystes de Wall Street. Croyez-moi, c'est possible, mais seulement en faisant plus d'efforts que les autres.

Dans les années 60, General Motors était l'entreprise la plus prospère du monde, et tout le monde convoitait ses actions. Un jour, un analyste de General Motors se rendit dans les bureaux des dirigeants du groupe avec le message suivant : les Japonais arrivent. Ils l'ignorèrent. En fait, ils ne l'écoutèrent même pas. Les investisseurs qui faisaient bien leur travail vendirent leurs actions General Motors au prix fort et achetèrent des actions Toyota. Les Japonais construisaient des voitures plus petites, plus efficaces, et extrêmement fiables, qui trouvèrent vite un marché énorme dans le monde entier, notamment ici aux Etats-Unis. Les manufacturiers américains avaient dicté leur loi au marché plutôt qu'écouté leurs clients. Depuis, ils sont forcés de courir après leurs concurrents japonais.

Voilà un autre exemple : dans les années 90, il n'y avait pas meilleur investissement à Wall Street que les grands magasins Sears & Roebuck. Ses actions paraissaient toujours bon marché, mais très peu connaissaient l'existence d'une chaîne de distribution « discount » en plein développement appelée Wal-Mart. La plupart des investisseurs ne se donnaient jamais la peine de regarder ce qui se passait dans les petites villes américaines. Ceux qui le firent commencèrent à acheter des actions de Wal-Mart au lieu d'en acheter de Sears, JCPenney, et tous les autres groupes renommés de la grande distribution.

Lorsque vous investissez de grosses sommes dans un pays en particulier, commencez par vérifier la stabilité des institutions de ce pays. Est-ce que la règle de droit y est respectée ? S'attaque-t-on à la corruption ? Le système institutionnel favorise-t-il des pratiques éthiques dans les entreprises ? Vous ne pouvez pas faire cela simplement en lisant des articles dans des magazines et des journaux. Vous devez aller voir ce pays de vos propres yeux et vérifier, par exemple, qu'il n'y a pas de marché noir pour sa monnaie. S'il y en a un, vous saurez que ce pays a des problèmes. Ces marchés noirs n'existent que quand le gouvernement impose des contrôles artificiels. La différence entre le cours officiel de la monnaie et celui du marché noir indique la gravité du problème du pays. C'est symptomatique. Plus forte est la fièvre, plus grave est la maladie. En d'autres termes, plus la différence entre les deux cours est grande, plus le problème est grave.

Au cours de mon premier périple en moto en 1990 et 1991, j'avais hâte de visiter l'Algérie, qui était ma deuxième étape en Afrique. J'avais l'intention d'investir là-bas. Mais une fois que j'ai découvert que ce pays avait un marché monétaire clandestin avec une prime de 100 pour cent sur les devises étrangères, j'ai vite abandonné l'idée. Les problèmes de l'Algérie furent connus du monde quelques années plus tard. Plus tard, j'ai découvert qu'il y avait là-bas un contrôle des prix absurde et un gouvernement qui imprimait des quantités énormes de billets pour payer ses factures. Les ouvriers, les commerçants et tous les autres étaient mis sous pression. C'est sans surprise que, peu après, les électeurs votèrent pour un parti protestataire islamiste qui fut ensuite renversé par un coup d'état militaire. Investir dans un pays ou une compagnie quand toute information, à première vue, suggère de faire le contraire peut être une stratégie rusée, mais seulement si vos propres analyses approfondies vous permettent de déceler un changement positif dans l'avenir proche. Faites attention ! En 2000, le Zimbabwe était un exportateur agricole très important, qui exportait aussi du charbon et d'autres minéraux. Sa monnaie était stable, et son marché attirait les investissements de compagnies sûres. Depuis, cependant, la situation politique du Zimbabwe s'est fortement détériorée, entraînant l'économie du pays dans sa chute. Aujourd'hui, le pays souffre de la corruption et de la violence, supplie pour bénéficier de l'aide humanitaire. Il n'exporte presque plus rien, et le taux d'inflation annuel approche les 200.000 pour cent. Le gouvernement continue à imprimer des billets pour récompenser ses amis, si bien que l'argent perd de la valeur chaque jour.

Vivez vos rêves

En plus de trouver votre vocation, vous devez aussi avoir un rêve. Quand j'étais jeune, je pensais que faire de l'argent était amusant, mais je n'avais pas vraiment de plans qui aillent plus loin que ça. Si j'avais continué ainsi, j'aurais perdu tout intérêt. Investir dans le monde entier m'a permis de découvrir différentes cultures et différentes personnes. J'ai fini par me rendre compte que je rêvais d'aventure et que je voulais découvrir le monde en le parcourant le plus possible. A l'âge de trente-sept ans, je décidai donc de voyager à travers le monde en moto.

Voyez-vous, quand vous commencez quelque chose, vous n'avez pas toujours une vision concrète et précise de l'avenir. Mais si vous continuez à être passionné et si vous travaillez dur à réaliser ce que vous aimez, vous finirez par trouver ce qu'est ce rêve, qui, peut-être, en deviendra un autre. Et un autre. A ce moment de ma vie, vous, mes filles, êtes ma passion, le centre de mon univers. C'est pourquoi je passe autant de temps que je peux avec vous. Vous êtes mon rêve, et tout ce que je veux, c'est que toutes deux vous fassiez ce que vous aimez et que vous ayez des vies intelligentes et intéressantes, pleines de rêves.

Chapitre 4

Le bon sens ? Pas si bon

Ce qui est tenu pour vrai par le bon sens est souvent faux

Je vous ai déjà dit combien il était important de penser par soi-même, de suivre sa propre opinion. Au cours de votre vie, vous serez confrontées au « bon sens » : des « vérités » acceptées par tous, qui vous dictent comment on doit se comporter, ce qu'il faut étudier, où manger, ou comment investir. Vous devez vous souvenir qu'il ne faut jamais accepter aveuglément ce que vous entendez ou lisez et ce, peu importe combien de gens le croient ou les arguments qu'ils avancent. Prenez toujours le temps de considérer les autres interprétations. Les croyances populaires, acceptées par la société, sont souvent fausses. Je veux vous expliquer comment donner du sens au « bon sens »

Voici un bon exemple de croyance populaire totalement fausse : au début des années 1970, les actions de l'industrie de la défense ont souffert de la réduction du budget accordé à la défense par le gouvernement américain. Certaines entreprises ayant passé des contrats avec le gouvernement étaient au bord de la faillite (parmi elles, Lockheed). Personne n'osait investir dans la défense, surtout car le bon sens affirmait que les actions dans ce domaine continueraient à baisser.

Mais si vous analysiez les raisons pour lesquelles l'industrie de la défense était en déclin, vous n'aviez pas besoin d'être devin pour prévoir que l'avenir serait meilleur. D'abord, cette absurde guerre du Vietnam, qui s'était enfin terminée en 1973, avait décimé les forces militaires américaines.

L'armée avait besoin d'une remise en ordre draconienne, ce qui fut confirmé plus tard dans l'année avec la guerre israélo-arabe. Ce conflit, pourtant à l'autre bout du monde, ouvrit les yeux du gouvernement américain qui vit enfin à quel point nous étions mal préparés pour nous protéger nous-mêmes et nos alliés. Notre gouvernement commença à renflouer le budget de la défense, faisant grimper le cours des actions de ces compagnies. Certaines actions ont augmenté de plus de cent pour cent au cours de la décennie suivante, contrairement à ce que tant d'analystes avaient prédit de manière tellement catégorique.

Un autre exemple : en 1970, le baril de pétrole était à moins de trois dollars. La plupart des experts pensaient que ce prix resterait bas à l'avenir, au moins sur le court terme. Beaucoup étaient convaincus que les nouvelles technologies, aux noms tellement alléchants comme les foreuses diamant, le forage en eau profonde et les plateformes offshore, associées aux découvertes de gisements de pétrole en Alaska, au Mexique, et dans la Mer du Nord, ne pouvaient qu'assurer des prix faibles. Des recherches minutieuses, cependant, ont montré que notre offre de pétrole ne pourrait pas se maintenir au niveau de la demande mondiale, en pleine expansion. L'économie élémentaire nous disait que le prix du pétrole allait augmenter de façon considérable.

J'ai donc investi dans le pétrole en 1971. Dix ans plus tard, le prix du baril de pétrole était monté à 35 dollars. Bien sûr, tout le monde investissait dans le pétrole maintenant, même ceux qui avaient sous-estimé sa valeur. Le marché était en état de surchauffe. Les explorations s'étaient révélées fructueuses, et les nouveaux gisements de pétrole découverts dans les années 1960 commençaient à être sur le marché. En même temps, la demande avait baissé, car beaucoup de gens devenaient écologistes, achetaient des voitures qui consommaient moins et réglaient leurs thermostats plus bas chez eux. En 1978, la production de pétrole excéda sa consommation pour la première fois depuis des années. Je vendis mes actions et n'acheta pas de pétrole jusqu'en 1998. N'importe qui est passé par une station service depuis sait ce qui s'est passé.

Les médias colportent souvent le bon sens

Vous devriez lire les journaux tous les jours, mais les lire (comme avec tout autre média) avec une dose de scepticisme. Quand j'étais jeune, les journaux étaient vénérés et considérés comme des sources d'information impartiales. Beaucoup l'étaient, plus qu'aujourd'hui. Mais comme tous ceux qui colportent le bon sens, ils tombent parfois dans le piège des gens qui défendent leurs propres intérêts et ils publient les informations que ces personnes leur donnent, sans connaître les faits en profondeur. Plus d'une fois, il m'est arrivé de faire des choix d'investissements fondés sur des informations suspectes ou de mauvais rapports.

Depuis, j'ai appris à mieux juger la véracité des histoires rapportées par les médias, et parfois à tourner leurs erreurs à mon avantage. Quand je prends une décision concernant un investissement, ou quand je décide pour qui je vais voter, je vérifie que les informations que donnent les médias ne sont pas contredites par d'autres sources comme les rapports du gouvernement, des organisations internationales, des compagnies... tout ce que je peux trouver. Je regarde l'article de près pour voir si certaines phrases ont l'air de sortir tout droit du communiqué de presse d'une entreprise. Et j'analyse avec prudence toutes les statistiques pour voir si ce que prétend le journaliste est basé sur une véritable logique statistique.

Quand j'étais professeur de finances invité à l'Université de Columbia dans les années 1980, mes étudiants étaient souvent surpris par l'avalanche de détails dont j'avais besoin pour prendre mes décisions, et pourtant c'est le premier outil nécessaire à quiconque prétend aller au-delà du bon sens. Je lis tout document qui me tombe sous la main. Si j'ai des doutes sur quelque chose que j'ai entendu à la télé ou lu dans le journal, je fouille autant qu'il le faut pour enquêter. Rechercher les différentes versions d'une même histoire vous aidera toujours à trouver la vérité.

Bien sûr, nous sommes au vingt-et-unième siècle et donc on croule sous les informations, dont beaucoup viennent de sources douteuses et partiales. Cela me surprend que si peu de gens semblent prendre la peine de confirmer l'information qu'ils vont utiliser pour prendre des décisions importantes. C'est l'écrivain français Voltaire qui, dans son Dictionnaire Philosophique, écrivit : « Il y a du bon sens dans ce bon sens, mais tout ne me paraît pas bon sens. » Et comme le dit le général américain George Patton : « si tout le monde pense la même chose, c'est que quelqu'un ne pense pas. »

Chapitre 5

Votre éducation, partie I : le monde doit vous aider à bâtir vos perspectives

Ne comptez pas sur les livres, voyagez à travers le monde !

Voyagez autant que vous le pouvez. Vous élargirez ainsi vos horizons. Si vous voulez vraiment vous connaître vous-mêmes et connaître votre pays, aller voir le monde.

Votre père peut affirmer cela avec conviction parce que j'ai fais deux fois le tour du monde. Commençant mon premier voyage en 1990, j'ai passé vingt-deux mois à voyager à moto à travers six continents. Lors de mon second voyage, qui débuta en 1999, votre mère et moi avons parcouru 245.000 kilomètres en SUV Mercedes, à travers 116 pays différents, pendant trois ans. Nous avons ainsi vu de nos propres yeux, différents pays et nationalités. Lors de nos voyages, on nous a offert de nombreux mets délicieux, notamment un serpent vivant pour dîner. Il fut tué et préparé devant nous. Et j'ai adoré !

Nous avons traversé des régions en guerre en Angola, dans l'Ouest du Sahara, en Inde, au Soudan et dans d'autres parties du monde. Nous avons insisté pour visiter les quartiers « dangereux » des villes pour voir si ils faisaient vraiment peur. Vous savez ce que nous avons appris ? Que les gens sont partout les mêmes, peu importe leur ethnie, leur langue, leur religion, leur nourriture ou leurs vêtements. Nous avons appris qu'il n'y a aucune raison d'avoir peur des étrangers.

Vous en découvrirez plus sur vous-mêmes en faisant l'expérience de la diversité du monde. Vous développerez des intérêts que vous ne vous connaissiez pas auparavant, et vous reconnaîtrez vos forces et vos faiblesses. Vous vous rendrez compte que certaines choses que vous pensiez être importantes sont en fait inconséquentes. Les vêtements que vous portez, qui vous connaissez, où vous dînez, vos origines, tout cela vous semblera ne plus avoir tellement d'importance. J'ai été fan de baseball mais aujourd'hui, je n'y connais plus rien.

Il est important que vous ne vous contentiez pas de visiter les autres pays simplement comme le feraient des touristes. Bien sûr, visitez les monuments connus et mangez aux restaurants à la mode, mais allez aussi voir comment les gens vivent. Faites comme eux, regardez le monde avec leurs yeux. En observant leur vie quotidienne et pas seulement sous le prisme de visites touristiques, vous serez confrontées à des expériences qui vous feront vous poser des questions essentielles.

L'auteur et poète anglais Rudyard Kipling écrivit dans son poème *The English Flag* : « Que peut-il savoir de l'Angleterre, celui qui ne connais que l'Angleterre ? ». Je vous incite à quitter votre pays pendant quelques années. Vous pourrez toujours y retourner, et vous le comprendrez mieux, ainsi que tout le reste. Le savoir et l'expérience que vous aurez acquis vous seront bénéfiques à un point que vous ne sauriez imaginer, et feront de vous une personne meilleure. Vous serez également meilleures dans votre travail, et même en tant que parents. Notre famille est américaine, et nous continueront à passer beaucoup de temps aux Etats-Unis, mais nous avons déménagé en Asie pour vous aider à vous ouvrir le plus possible au monde, au-delà des frontières américaines.

Comprenez l'importance des BRIC

Quand j'étais étudiant à l'Université d'Oxford dans les années 1960, je gérais l'argent issu de ma bourse jusqu'à ce qu'arrive la date limite pour payer mes frais d'études. J'avais déjà développé ma propre approche de l'investissement en ayant une perspective globale.

Aujourd'hui il est difficile de lire une publication économique sans y trouver une référence aux BRIC, un acronyme populaire dans le monde de l'investissement. Cet acronyme est né d'une thèse populaire parmi les investisseurs et les politiciens, selon laquelle le Brésil, la Russie, l'Inde et la Chine seront les économies leaders en 2050, et regorgent donc d'opportunités d'investissements. Je vous en dirai ensuite plus sur ce que je pense de chacun de ces pays, mais je veux surtout insister ici sur l'importance de concentrer les stratégies d'investissement sur les économies étrangères en phase de développement.

Comme tous les gens qui me connaissent le savent, ma propre expérience et mes voyages m'ont conduit à être optimiste concernant le Brésil et la Chine, pessimiste pour la Russie, et sceptique à propos de l'Inde.

La situation au Brésil va s'améliorer de façon considérable ces quinze prochaines années, quand ce pays augmentera sa production de matières premières comme le sucre et le minerai de fer. Le sucre, un produit d'exportation majeur, se trouve être le produit de base de l'éthanol, qui est aujourd'hui considéré comme une source d'énergie alternative pouvant remplacer le pétrole. Bien que je sois optimiste concernant le marché des matières premières, je suis neutre par rapport au marché boursier du Brésil en ce moment et à sa devise, le real.

Maintenant, la Russie. Pourquoi suis-je sceptique à son sujet ? Malgré ses abondantes ressources naturelles, les conditions économiques fondamentales de base ne sont pas réunies. Le capitalisme qui existe aujourd'hui en Russie est un capitalisme hors-la-loi. De plus, l'URSS s'est déjà décomposée en quinze pays, et continuera à se diviser en cinquante ou cent états à l'avenir. Ce pays rassemblait 124 groupes ethniques, linguistiques et religieux, et peu d'entre eux sont satisfaits de faire partie d'une république issue de l'ancienne URSS.

En réalité, la Russie est toujours un pays sous-développé, dans un bien meilleur état que quand j'y allai pour la première fois en 1966, mais pas encore un pays riche. J'y étais en 1990, alors que l'URSS était en voie de disparition, puis en 1999, avec votre mère. On entendait des bombes exploser pendant notre dîner à Moscou ; c'était les forces armées de Poutine qui consolidaient leur pouvoir. Dans ce pays, les bombardements et les assassinats sont un véritable fléau, bien plus fréquents que ce qui est relayé par les médias de l'Ouest. Je crois que la violence actuelle finira par déboucher sur une catastrophe. Le président Vladimir Poutine (en ce moment incognito en tant que Premier Ministre) contrôle peut-être Moscou et Saint-Pétersbourg, mais pas beaucoup plus, alors que la mafia russe étend son influence sur tout le territoire. Un investisseur peut réaliser des profits là-bas, mais seulement s'il fricote avec les criminels. Et s'il fait son travail en dehors de la mafia, les problèmes d'argent seront alors le cadet de ses soucis. Beaucoup d'entreprises étrangères ont appris que les Russes subtilisent des actifs quand ils le veulent, que ce soit par le biais de taxes ou par la force. En fait, la situation en Russie est l'une des raisons pour lesquelles je suis si optimiste à propos des matières premières : nous ne pouvons pas nous attendre à ce que la Russie fournisse plus de matières premières à l'avenir qu'à présent.

Une autre mauvaise nouvelle pour la Russie : certaines régions russes se battent pour leur indépendance, tout comme des Etats qui faisaient partie de l'URSS. L'Ukraine, par exemple, pourrait se scinder en deux à n'importe quel moment. Certains ne seront pas d'accord avec moi, mais je cite toujours l'exemple de la Tchétchénie, une petite république à peu près de la taille du Connecticut, au sud de la Russie. L'Armée Rouge essaie de contrôler la population tchétchène, qui est d'un million et demi d'habitants, depuis quinze ans sans beaucoup de succès. Qu'avez-vous besoin de savoir de plus ? Il n'y a plus d'Armée Rouge, en tout cas pas une Armée Rouge forte qui pourrait rassembler ce pays immense.

Mais, attendez ! Le capitalisme n'est-il pas en train d'envahir la Russie, comme il le fait en Chine ? Désolé, mais il y a une différence énorme entre ces deux pays. Au contraire de la Chine, la Russie n'utilise pas ses capitaux de manière efficace. Les taux de production sont bas, puisque le pays essaie de concurrencer les autres en utilisant les infrastructures et usines construites à l'époque du communisme, avec peu d'améliorations. De plus, alors que les Chinois qui étudient ou travaillent à l'étranger reviennent en Chine avec des capitaux et du savoir-faire, les Russes qui partent reviennent rarement pour contribuer à la reconstruction du pays.

Quant à l'Inde, j'ai observé sa bureaucratie étouffante, son manque d'infrastructures, surtout comparé à la Chine. Le système autoroutier national en Inde est composé de routes à deux voies construites il y a plusieurs dizaines d'années et est aujourd'hui envahies par des nids-de-poule, sans parler des embouteillages, des wagons, des animaux, des piétons, des légumes, des charrettes, des voitures en panne, et tout ce qu'on peut imaginer d'autre. J'ai du acheter plusieurs téléphones portables pendant notre voyage là-bas, car chacun n'était utilisable que dans certaines régions. La seule entreprise qui ait été privatisée entre 1991 et 2001 est une boulangerie. La situation s'améliore peu à peu, mais souvent, l'Inde fait deux pas en arrière pour un pas en avant. Je n'ai donc aucune envie d'investir en Inde. Mais comme je l'ai déjà affirmé, ne vous contentez pas de ce que je dis ! Gardez un œil sur l'Inde. Si j'ai tort, et si le pays change vraiment, ce pourrait être une formidable opportunité pour les investisseurs et, surtout, pour le peuple indien.

Ouvrez-vous aux gens qui sont différents, dans votre pays ou à l'étranger

Le nom de la ville où j'ai grandi, Demopolis, signifie « ville du peuple ». Mais à l'époque, les personnes de couleur y étaient exclues. Comment presque partout en Alabama et dans le Sud, Demopolis pratiquait la ségrégation. Une partie de la ville était réservée aux Blancs et l'autre aux Noirs. Cette dernière se trouvait être la partie de la ville la plus défavorisée.

Je dois admettre que, quand j'étais un enfant, je ne pensais pas beaucoup à cette injustice. Cela se passait comme ça, et c'était tout. On ne connaissait rien d'autre. En fait, ma famille ne connaissait pas de Noirs, et je n'avais aucun ami Noir. Mais à l'adolescence, au milieu des années 1950, je commençais à voir les choses différemment. L'épicerie de mon oncle Chink se trouvait dans la partie de Demopolis réservée aux Noirs. Un jour où je distribuais des tracts publicitaires pour son magasin, j'observai quelque chose que je n'avais jamais vu avant : une japonaise qui vivait dans la partie Noire de la ville tout simplement parce qu'elle avait épousé un GI Afro-américain. Si elle s'était mariée avec un soldat américain Blanc, bien sûr, elle aurait pu vivre où elle voulait. Elle aurait été exactement la même personne, mais aurait eu une vie totalement différente. C'est ainsi que je commençai à réaliser qu'il devait y avoir un problème dans ce système qui séparait les gens en raison de la couleur de leur peau.

Cinquante ans plus tard, je constate l'existence d'une mode dérangeante. La peur du terrorisme et la colère contre les problèmes économiques ont attisé les sentiments d'isolationnisme et de xénophobie de certains de nos hommes politiques et de nos concitoyens. Nous devrions fermer les frontières des Etats-Unis, disent-ils, aux idées, aux capitaux, aux produits, et aux personnes (c'était à prévoir) étrangers. D'autres pays nous emboîtent le pas. Le monde a prospéré depuis la Seconde Guerre Mondiale, depuis que les pays occidentaux ont juré de ne pas se fermer au reste du monde, comme cela avait été le cas dans les années 1930, avec des résultats désastreux. Alors que l'Allemagne nazie envahissait la Tchécoslovaquie, puis la Pologne, la France et la Russie, en suivant son plan de conquête de l'Europe ; l'Amérique, fatiguée de la guerre, résistait aux appels de ses alliés européens pour qu'elle les aide à combattre. Le temps que les Etats-Unis entrent enfin en guerre deux ans après que celle-ci ait commencé, et seulement après l'attaque surprise des Japonais à Pearl Harbor, et leur armée ne put se mesurer à celles des Allemands et des Japonais, notamment à leurs machines de guerre bien huilées qui attendaient de servir depuis dix ans. Malheureusement, peu d'entre nous comprenons les leçons de l'Histoire ; et cela finira très mal si nous répétons l'isolationnisme des années 1930.

Après la Seconde Guerre Mondiale, le monde se jura de ne plus tolérer le protectionnisme et la xénophobie qui avaient mené à la Dépression et à la guerre mondiale. Le General Agreement on Tariffs and Trade (GATT) fut signé, ouvrant ainsi la voie aux échanges commerciaux. Le résultat ce fut des dizaines d'années de croissance économique sans précédents. L'OMC a succédé au GATT pour essayer de continuer à aider le monde à prospérer.

Ces gens qui ont élaboré le GATT sont tous décédés, et peu de gens aujourd'hui lisent ou comprennent l'Histoire. Le protectionnisme et l'isolationnisme sont à nouveau en plein essor. Beaucoup de nations se disent : « si les Etats-Unis peuvent le faire, nous aussi. » Quand l'économie va mal, on à souvent recours à des politiques dangereuses. Rappelez-vous que l'Histoire a ses « rimes » et soyez attentives ; les problèmes économiques et les guerres se sont répétées dans l'Histoire, alors préparez-vous pour le cas où ces politiques persisteraient. Vous devrez peut-être déménager dans des pays neutres en faisant des investissements qui pourraient bénéficier des bouleversements politiques, comme les actifs réels et les devises librement convertissables.

Gardez l'esprit ouvert et soyez citoyennes du monde !

Vous faites partie d'une génération que le sondeur John Zogby appelle « les premiers citoyens globaux » et qui est plus ouverte d'esprit qu'aucune autre génération avant elle. C'est remarquable, et cela étendra vos possibilités d'être heureuses à la fois sur le plan personnel et sur le plan professionnel.

Avoir l'esprit ouvert, c'est notamment ne jamais refuser la possibilité que les gens puissent être différents de ce qu'on avait imaginé. C'est naturel, et souvent utile, de se faire une idée des gens en se fondant sur le peu d'informations que l'on glane en les rencontrant, en les observant, et en utilisant les détails qu'ils nous donnent. Mais il y a une énorme différence entre connaître un *genre de personne* et connaître *une personne*. Quand vous aurez voyagé à travers le monde, comme je l'ai fait, et communiqué avec des gens de toutes les cultures, vous comprendrez qu'en fait, très peu d'être humains sont conformes aux stéréotypes qu'on leur impose. Et, pour la plupart, nous voulons tous les mêmes choses dans la vie.

En 1960, quand j'ai décidé de partir de Demopolis pour aller à l'Université de Yale (dans le Nord !), plusieurs voisins n'arrivaient pas à comprendre pourquoi j'avais pris cette décision. La plupart n'avait jamais quitté l'Alabama, et encore moins le Sud. Mais je peux vous dire que, en plus de tous les gens fascinants que j'ai rencontré à New Haven, dans le Connecticut, et plus tard à New York, la plupart des gens que j'ai trouvé les plus intéressants était ceux qui venaient de ma ville natale, mais que je n'avais jamais rencontré avant. Tous ceux qui me rencontraient savaient qui j'étais, mais je ne les connaissais pas, à cause de la ségrégation.

Comprenez ceci : si chacun se considérait comme un citoyen du monde plutôt que comme un citoyen de sa ville, ou de son pays, le monde serait un endroit meilleur et pacifique, où le succès serait accessible à tous. Je ne suis pas en train de dire qu'on ne peut pas être patriote et aimer son pays. Mais on doit toujours être ouvert à ceux qui sont différents, car les gens qui viennent d'autres milieux sociaux ont beaucoup à nous apprendre, et vice-versa.

Quand votre mère et moi voyagions autour du monde, nous rencontrions constamment des gens qui avaient peur de ceux qui étaient différents, soit par leur religion, soit par leur langue, ou par leur ethnie, ou encore leur couleur de peau, jusqu'à ce qu'ils leur parlent, rient avec eux et leur aient raconté leurs vies. Les guerres ne sont pas déclarées par des groupes de personnes qui se connaissent et qui, tout d'un coup, décident de se détruire. Les jeunes de vingt ans préfèrent jouer, dîner, danser, boire ou débattre ensemble, et c'est ce qu'ils font quand on leur en donne l'opportunité. Ceci s'est vérifié dans l'Histoire. Ce sont les politiciens véreux qui trompent les jeunes, en appellent à leurs pires instincts, et les font s'entretuer inutilement.

Au fur et à mesure que vous grandirez et que vous étudierez l'Histoire, vous apprendrez que la guerre n'a jamais profité à aucun pays, même à ceux qui la « gagnent ». Si jamais vous vous trouvez dans un pays qui entre en guerre, je vous suggère de partir jusqu'à ce qu'elle soit terminée. La vérité est toujours la première victime de la guerre, vous aurez donc besoin de prendre vos distances.

Un poète connu a choisi cette épitaphe pour son fils, qui avait été tué lors de la Première Guerre Mondiale qui n'avait aucun sens :

Si certains demandent pourquoi nous sommes morts
Dites-leur, parce que nos pères ont menti.

Votre père, comme tous nos ancêtres en Amérique depuis plusieurs siècles, a fait son service militaire, mais vous ne devriez pas le faire. Brisez cette chaîne et tenez-vous à l'écart des guerres.

Mon souhait, en tant que père, est que vous deveniez des citoyennes du monde de votre propre volonté. Un jour j'espère vous voir faire ce grand pas en avant.

De toutes les aventures que j'ai connues dans ma vie, vous, mes filles, en êtes l'ultime aventure. Vous me montrez déjà un nouveau monde. Si être père enrichit la vision du voyage, je suis sûr que l'inverse est également vrai. Je pense à tout ce que j'ai acquis lors de mes voyages, et que je pourrai vous donner. Il me tarde de vous apprendre à conduire, à lire une carte, tout ce que mon père m'a appris à faire. Après l'anglais, quelles langues apprendrez-vous ? Depuis que vous êtes nées, une gouvernante chinoise vous a appris le mandarin, ainsi que des poèmes de la dynastie des Tang et des personnages chinois. J'espère que vous apprendrez aussi l'espagnol bientôt.

Je pense aussi à tous les endroits où je ne suis pas encore allé : l'intérieur du Brésil, le sud de l'Inde, l'Erythrée, l'Iran, Israël. Ceux-là, et d'autres endroits que je vous montrerai. Votre mère et moi avons déménagé à Shangaï et en Espagne, et avons passé du temps à Punta del Este, en Uruguay, ou à Cochabamba, en Bolivie. Parce que je suis si optimiste concernant l'Asie, nous avons choisi Singapour pour plusieurs raisons, notamment sa culture bilingue, son éducation d'excellente qualité, son système de santé qui est le meilleur du monde, et son efficacité ; tout semble marcher là-bas. Le Japon a été le pays leader de ces cinquante dernières années, la Chine des trente dernières années, et Singapour des quarante dernières années. Nous espérons que vous considérerez toujours le monde entier comme votre chez-vous, et que vous ne serez pas bornées au point de limiter vos horizons et vos possibilités. Bougez dès que vous en aurez l'occasion. Comme nos ancêtres l'ont fait. Nous espérons que vous grandirez ici à Singapour, mais qui sait ? Nous cherchons aussi une maison à Vienne, en Autriche, car nous aimons beaucoup cette ville. Peut-être que vous grandirez là-bas. Ou peut-être que j'achèterai un rocking-chair et que je chanterai « Ol' Man River », élevant mes enfants où mon père avait élevé les siens, à la campagne au Sud des Etats-Unis. J'ai l'impression que mon père aurait aimé ça, et peut-être que c'est ce qu'il a toujours voulu pour moi, dans sa grande sagesse.

Votre grand-père est mort à l'âge de quatre-vingt trois ans en 2001, avant que vous ne soyez nées. Je regretterai toujours le fait que vous n'aurez jamais la chance de le connaître. Vous pouvez voir sur ses photos qu'il était de taille et de poids moyens, mais vous ne pouvez voir son intensité. Il était d'une discipline stricte, et j'aimerais être aussi strict avec vous. Il faisait en sorte que mes frères et moi sachions que nous devions faire ce qu'on nous demandait. Repousser les choses au lendemain ? C'était impensable chez nous. Il était dirigeant d'une usine chimique et il passait beaucoup de temps à travailler. Ses cinq fils travaillent dur aussi.

Papa s'assurait aussi que nous économisions assez, car rien ne nous serait jamais donné sur un plateau. Son père était mort jeune dans une mine de charbon qu'il possédait, en 1929, puis sa mère avait tout perdu avec la Grande Dépression des années 1930. C'était un véritable enfant de la Dépression et il nous a élevé de la même manière. Maintenant, je réalise à quel point il était attentionné avec ces cinq fils, et tout ce qu'il a sacrifié pour nous. Je suis comme lui à de nombreux points de vue. Par exemple, je prends rarement la peine d'acheter de nouveaux vêtements. C'est juste que je préfère mes vieux vêtements, mais maintenant je me demande si je n'ai pas hérité ça de lui, qui voulait nous donner toujours plus.

Votre mère et moi avons toujours peur de trop vous donner, ou de rendre les choses trop faciles pour vous, car nous ne voulons pas trop vous gâter. Si mon père était toujours en vie, il ne vous aurez pas gâtées, mais il aurait tout fait pour vous.

Chapitre 6

Votre éducation, partie II : apprenez la philosophie, apprenez à penser

La philosophie vous apprendra à penser par vous-même

Happy, tu es née en mai 2003 ; Baby Bee, en Mars 2008. Même si c'est encore un peu tôt, j'espère qu'un jour vous étudierez la philosophie. Vous devez apprendre à penser de manière profonde si vous voulez vous comprendre vous-mêmes et savoir ce qui est important pour vous. Il faut que vous vous connaissiez pour pouvoir avoir du succès dans la vie. Etudier la philosophie m'a aidé à y parvenir.

Je ne parle pas de la logique complexe qui caractérise la philosophie et qui intimide beaucoup de gens ; je parle de l'art de penser par soi-même. Tellement de gens aujourd'hui sont enfermés dans les conventions, leur manière de penser est limitée par des concepts comme l'Etat, la culture ou la religion. Penser en dehors du cadre établi, examiner une question de manière indépendante, c'est ça la véritable philosophie. Etudier la philosophie apprend à quelqu'un à examiner chaque concept et chaque « fait ».

Etudier la philosophie à l'Université d'Oxford n'a pas été facile pour moi, car on me posait toujours des questions abstraites, par exemple, est-ce que le soleil se lèvera toujours à l'Est, ou si un arbre qui tombe au milieu d'une forêt isolée fait du bruit. Franchement, à l'époque, je ne voyais pas l'intérêt de me poser ce type de questions, mais depuis, j'ai compris que je devais tout examiner, même ce qui est accepté ou prouvé. Cette capacité à chercher d'autres explications vous servira.

Les publications philosophiques actuelles nous aident-elles à apprendre à penser ?

S'engager dans une réflexion philosophique et lire des livres sur la philosophie, ce n'est pas la même chose. Bien sûr, les livres nous aident à développer notre capacité à penser, mais des efforts supplémentaires sont nécessaires pour vraiment penser par soi-même.

Voici un exercice : pensez à des situations où le bon sens s'est révélé avoir tort. Prenez le temps de déterminer ce qui s'est vraiment passé. Cela vous aidera à augmenter vos connaissances et votre confiance, afin que la prochaine fois que vous avez une décision à prendre, vous serez capable d'analyser de manière constructive ce que la majorité tient pour acquis.

Les deux façons de penser

Il existe deux méthodes de raisonnement qui sont particulièrement utiles dans tous les domaines, notamment l'investissement. La première consiste à tirer des conclusions de ses observations, et l'autre est de procéder uniquement en se fondant sur la logique.

Tirer une conclusion de l'observation, c'est très simple. Quand vous étudiez l'histoire du marché boursier, par exemple, vous pouvez voir qu'il y a une alternance entre les actions et les matières premières pour les phases de hausse. Dans l'Histoire des marchés, on peut remarquer que ces mouvements de hausse se déroulent par cycles de quinze à vingt-trois ans. Le marché des matières premières a commencé son mouvement haussier actuel en 1999, je m'attends donc à ce que cette tendance se prolonge. En se basant sur les précédents historiques, on peut estimer que cette situation continuera jusqu'à une date comprise entre 2014 et 2022.

Je vais maintenant vous donner un exemple de ce que ça donne quand on se base sur la seule logique. Je ne peux pas le prouver, mais j'ai développé ma propre théorie sur les relations entre les actions et les matières premières. Regardez Kellog's, qui possède la plus grande partie du marché des céréales en boites. Les céréales sont produites à partir de matières premières comme le riz, le blé, le maïs et le sucre. Quand le marché des matières premières est en baisse, le coût de ces aliments chute. Si le niveau des ventes se maintient, le profit net réalisé par la compagnie augmente, ce qui entraîne une hausse de ses actions. Cependant, lorsque le prix des matières premières augmente, Kellog's ne peut pas immédiatement répercuter cette augmentation sur le prix de ses céréales en boites. Cela aura un effet sur le bénéfice net de la compagnie, et ses actions en souffriront en conséquence. Les compagnies bénéficient du bas prix des matières premières, puis quand ce prix augmente, les profits diminuent, entraînant les actions dans leur chute. Comme vous pouvez le constater, l'idée de comprendre les relations entre les matières premières et les actions constitue un bon exercice mental.

Deux façons de penser : la première s'appelle l'induction (partir d'une conclusion particulière pour parvenir à une observation plus générale), et la deuxième, la déduction (tirer une vérité d'une observation générale). Il n'y en a pas une qui soit meilleure que l'autre. Ce qui est important, c'est que vous vous entraîniez à appliquer les deux, pour que vous puissiez penser de manière équilibrée.

Ne négligez pas les marchés à la baisse

Qu'est-ce que la plupart des investisseurs oublient de considérer ? La plupart cherchent les marchés à la hausse et négligent ceux à la baisse. En tant qu'investisseur, je recherche toujours ce qui est en baisse et mal orienté. C'est quand les gens deviennent fous sur un marché en surchauffe et ne voient plus les autres possibilités d'investissement que je fais une bonne affaire.

Lors du krach boursier de 1998, alors que la plupart des gens ignoraient les matières premières, j'ai créé un indice de matières premières. Ces dernières étaient en plein marasme depuis des années, personne n'avait gagné de l'argent avec. Beaucoup de gens avaient fui ce secteur d'investissement, et peu de jeunes étudiaient les ressources naturelles. Ils étaient encore moins nombreux à se lancer dans l'agriculture ou l'exploitation minière (les MBA étaient à la mode à l'époque, vous vous rappelez ?), nous manquons donc aujourd'hui d'agriculteurs et de géologues. C'est aussi vrai dans d'autres pays. Ces facteurs ont mené à un déclin de la production qui dura plusieurs années, alors que la demande continuait d'augmenter. Les rendements des indices dédiés ont montré à quel point les matières premières s'en sont bien sorties. Le Rogers International Commodity Index (RICI), que j'ai fondé en 1998, a quadruplé en dix ans, alors que l'indice des actions Standard & Poor's 500 augmenta de quarante pour cent.

Chapitre 7

Votre éducation, partie III : apprenez l'Histoire !

Vous avez besoin d'une vision macroscopique du monde

Je veux que vous étudiiez l'Histoire. Je veux que vous compreniez les changements que subit le monde, d'un point de vue macroscopique ; je veux dire par là que je souhaite que vous ayez une vue d'ensemble sur le monde afin de comprendre comment il marche et comment il a toujours marché. Vous apprendrez que ce qui est vrai aujourd'hui ne le sera pas forcément dans vingt ans, ou même dans dix. En 1910, les familles royales d'Angleterre et d'Allemagne étaient les meilleurs amis au monde et de précieux alliés. Quatre ans plus tard, leurs pays se faisaient la guerre sans raison aucune. Observez le monde à un moment dans le temps, et vous verrez que dix ou vingt ans plus tard, il aura beaucoup changé.

Si vous vous intéressez à l'Histoire, à la politique et à l'économie, vous pourrez voir comment ce qui se passe dans un pays affecte aussi les autres, notamment sur un plan économique. Par exemple, les troubles politiques que connaît un seul pays peuvent influencer le prix des matières premières dans le monde entier ; le prix de l'or, surtout, augmente souvent. Une guerre proprement dite fait augmenter non seulement le prix de l'or, mais aussi le prix de la plupart des autres matières premières.

Quel livre d'Histoire nous dit la vérité ?

L'Histoire a plusieurs visages. On peut étudier l'Histoire dans une perspective politique et économique ; il y a l'Histoire observée et comprise du point de vue des Etats-Unis, de celui des pays européens, et de ceux de pays africains, asiatiques ou de l'Amérique du Sud. Vous verrez que l'Histoire est le plus souvent écrite par les vainqueurs. Tant que l'historien a été rigoureux, chaque perspective peut constituer une pièce du puzzle qu'est l'Histoire. On ne peut pas dire quelle Histoire est la plus importante. Imaginez un puzzle du monde à quatre dimensions, et que chacune de ces différentes visions de l'Histoire est une pièce du puzzle. Avant de pouvoir les placer correctement, toutefois, vous devez d'abord rassembler les pièces en les étudiant toutes.

Associez votre connaissance de l'Histoire avec vos voyages

Je vous incite fortement, quand vous ferez votre premier voyage à l'étranger, d'étudier l'Histoire des pays que vous visiterez. Sans le contexte historique, vous ne pourrez pas comprendre grand-chose à ce que vous y verrez. Vous pouvez jouer les touristes et profiter des monuments, mais les comprendre est une expérience qui vous enrichira bien plus. Peu importe où vous commencez. Choisissez un pays, puis allez-y pour voir ce qu'il en est de vos propres yeux.

L'Histoire vous montrera quelles forces gouvernent les marchés

En croisant les évènements historiques avec les tendances du marché, vous identifierez les développements qui affectent les coûts des actions et des matières premières. Dans mon cours « marchés à la hausse et marchés à la baisse », à l'Université de Columbia, j'apprenais aux étudiants à chercher les principaux marchés à la hausse et marchés à la baisse du passé, puis à trouver quels évènements historiques avaient contribué à leur succès ou à leur chute. Que se passait-il dans le monde alors que les prix s'envolaient ou s'effondraient ? Pourquoi ces évènements ont-ils servi de catalyseur ? Se référer à l'Histoire est une façon très efficace d'apprendre à analyser les tendances du marché. En outre, cela vous apprend à anticiper des changements futurs.

Rien n'est vraiment nouveau

L'Histoire se répète d'une manière ou d'une autre, elle rime, comme le disait Mark Twain. Les êtres humains ont toujours été plus au moins les mêmes. Les journaux annoncent dans leur une tout ce qui est innovant, radical et révolutionnaire. Lorsqu'on présente quelque chose comme étant nouveau ou différent, tournez-vous vers le passé, et vous y trouverez toujours un précédent. Mais souvenez-vous du contexte historique ; ne vous attendez pas à ce que tout se reproduise exactement à l'identique. En règle générale, ce qui se passe aujourd'hui s'est déjà passé, et se passera encore à l'avenir.

On peut prendre comme exemple la révolution d'Internet. Beaucoup de gens ont réagi comme si c'était quelque chose de totalement nouveau. Le net n'est qu'une des nombreuses innovations technologiques qui se sont présentées dans l'Histoire. Vous vous rappelez de la « nouvelle économie » des années 1990 ? Ceux qui connaissent l'Histoire peuvent y ajouter d'autres révolutions semblables : le chemin de fer, les bateaux clipper, les avions, l'électricité, la radio, le téléphone, la télévision, l'ordinateur... Les investissements dans toutes ces « nouvelles ères » ont, à un moment ou à un autre, mal tourné.

Dès que j'entends tout le monde prétendre que quelque chose est innovant et sans précédents, je vérifie si le marché est en surchauffe, et souvent j'en retire mon capital. Il faut que vous ayez des doutes quand les gens prétendent que « cette fois-ci c'est différent ». Rien n'émerge qui soit entièrement différent ; ces affirmations sont révélatrices d'un état d'hystérie de masse. J'ai vendu mes actions dans les hautes technologies entre 1999 et 2000, et c'est juste à ce moment-là que l'indice de matières premières que j'avais créé en 1998, a commencé à décoller.

Je vous le répète, étudiez l'Histoire. Apprenez précisément ce qui s'est passé, et ce qui ne s'est pas passé. Grâce à cela, vous comprendrez ce qui est sur le point de se passer dans le monde.

Chapitre 8

Votre éducation, partie IV : apprenez des langues étrangères (et faites en sorte que le mandarin en fasse partie !)

Le mandarin sera la prochaine langue du monde

Les gens qui savent parler d'autres langues ont un énorme avantage sur les autres. Lorsque vous investissez, vous pouvez avoir vos informations directement en parlant aux gens dans leur propre langue, instaurant ainsi la confiance. Ce qui est également important, c'est que vous aurez à faire face à des situations professionnelles et sociales impliquant des gens de cultures différentes. Votre vie en sera infiniment enrichie si vous pouvez donner tort au stéréotype qui veut que les Américains n'apprennent pas de langues étrangères, et ainsi, vous pourrez apprendre de vos nouveaux amis.

Pour vous aider à réussir non seulement dans vos investissements, mais aussi dans la vie, nous vous avons donné un coup de main. Vous avez une gouvernante chinoise qui communique avec vous en utilisant la langue officielle de la Chine. Elle vous apprendra le mandarin, et nous vous apprendrons l'anglais. (Vous devez maîtriser l'anglais pour pouvoir parler avec votre père ; les seuls mots qu'ils sachent dire en chinois sont : « bière fraîche ».) Nous avons déménagé en Asie pour que vous puissiez toutes deux aller à une école chinoise où vous utiliserez le mandarin dans votre vie quotidienne, tout en connaissant les cultures asiatique et occidentale.

Le meilleur conseil que je puisse donner à quiconque, et ce, peut importe où il vive, est de faire apprendre le mandarin à ses enfants et ses petits-enfants. Pour leur génération, le mandarin et l'anglais seront les langues les plus importantes au monde.

Chapitre 9

C'est le siècle de la Chine

Faites attention aux changements majeurs qui bouleversent le monde d'aujourd'hui

La raison pour laquelle vous apprenez le mandarin, c'est parce que la Chine est en train de se renforcer sur les plans économique, politique et culturel, et va devenir un acteur de plus en plus présent sur la scène internationale. Vous devez vous rendre compte de ces changements, non seulement en tant qu'investisseurs, mais aussi en tant que citoyennes du monde. En étudiant l'Histoire, on apprend que l'Espagne a dominé le seizième siècle et que la France est devenue le pays le plus prospère du monde deux cents ans plus tard. Le dix-neuvième siècle fut le siècle de la Grande-Bretagne. Les Etats-Unis ont dominé le vingtième siècle. Le vingt-et-unième sera celui de la Chine. Ce changement a déjà commencé, sous nos yeux. La Chine a eu des périodes de gloire récurrentes. L'Egypte a connu la grandeur, tout comme Rome et la Grande-Bretagne. La Chine a été une grande nation plusieurs fois dans l'Histoire et a aussi connu quelques désastres. Aujourd'hui, elle est de nouveau sur une pente ascendante, après trois cents ans de déclin.

Les Chinois sont en général considérés comme des communistes et non comme des capitalistes, mais est-ce bien la réalité ? Dans l'Histoire, les Chinois ont fait partie des meilleurs capitalistes au monde. Beaucoup se rappellent de la forme de capitalisme qui existait en Chine avant la révolution de Mao Tsé-toung en 1949, qui a culminé lors de la fondation de la

République Populaire de Chine. Ceux qui, lors de la révolution, ont refusé d'abandonner le capitalisme ont fui vers Hong Kong, Taïwan, l'Amérique ou ailleurs, et ont organisé leur propre prospérité. Ces Chinois émigrés ont toujours été un atout majeur de la Chine. Ils parlent le mandarin, l'apprennent à leurs descendants et gardent des liens avec des Chinois restés dans leur pays. Ils sont toujours prêts à se servir de leurs capitaux et de leur savoir-faire pour investir en Chine quant des opportunités se présentent à eux. Ce lien a toujours été si fort que la Chine donne des passeports à toutes les personnes d'origine chinoise, même s'ils résident à l'étranger depuis plusieurs générations.

Il existe une différence considérable entre la Chine que j'ai visitée lors de mes quatre premiers voyages entre 1984 et 1990 et celle que j'ai vue lors de mon voyage de 1999. Les efforts que le pays a fait pour augmenter sa productivité se sont révélés payants. Les taux de production de la Chine en matière d'électricité domestique, de téléphones portables et de motos ont dépassé ceux des Etats-Unis. En fait, la production chinoise de téléphones portables est aujourd'hui la plus forte au monde. Ce sont des développements qu'un investisseur ne peut ignorer.

Achetez des actions chinoises, et vous achèterez l'avenir de ce pays !

Je possède une vingtaine d'actions chinoises, mais je n'en ai pas acheté avant 1988. La première a été achetée dans un immeuble qui accueillait à l'époque la Bourse de Shanghai. Le certificat qui atteste de ce premier achat est encadré et accroché sur un mur dans notre maison. Je ne sais pas de combien sa valeur a augmenté, mais je n'ai aucune intention de vendre ces actions, à cause de leur valeur sentimentale.

Lors de mon deuxième séjour à Shanghai en 1999, l'immeuble vétuste avait été remplacé par une toute nouvelle structure. J'ai ouvert un compte titres là-bas et continué à investir. A présent, le Produit National Brut (PNB) de la Chine augmente de neuf pour cent, et a le potentiel d'augmenter encore plus.

Beaucoup d'investisseurs américains connus qui ont rarement, ou pas du tout, investi à l'étranger, notamment en Chine, l'ont cependant fait lors de cette décennie en raison de la croissance impressionnante de la Chine. Mais si vous voulez acheter des actions chinoises, attendez-vous à ce que l'économie chinoise souffre des mêmes échecs que celles des autres pays. Les Etats-Unis ont eu besoin de nombreuses consolidations lors de leur montée vers le pouvoir et la gloire, et il en sera de même pour la Chine. Quand viendra le meilleur moment pour vendre ? Probablement pas avant ma mort, car l'économie chinoise continuera à prospérer. Mes actions en Chine seront donc peut-être l'un de mes cadeaux pour vous.

Un atterrissage difficile ne peut être évitée !

L'économie chinoise et son marché immobilier sont en surchauffe, le taux d'inflation se situant entre 7 et 8 pour cent, selon des banques indépendantes. Les banques chinoises ont peut-être accordé trop de prêts. L'investissement excessif a donné naissance à un taux de défaut plus élevé que le taux normal. C'est souvent ce qui se passe dans des périodes comme celle-là. Je pense qu'une lourde chute de secteurs comme celui de l'immobilier est inévitable.

Le gouvernement chinois et le Fonds Monétaire International (FMI) insistent sur la possibilité d'amortir la chute, et le gouvernement chinois, depuis quelque temps, restreint les prêts bancaires ainsi que l'approvisionnement en billets, pour essayer d'améliorer la situation. Les taux d'intérêt bas ont entraîné un surinvestissement dans l'immobilier et dans certaines industries manufacturières. Ces secteurs sont en train de plonger. D'autres, cependant, n'en seront sûrement pas affectés.

Un investisseur japonais m'a un jour demandé quand la Chine connaîtrait sa chute. Je lui ai expliqué qu'on ne pouvait pas dire exactement quand cela se produirait, ni à quel point la chute serait dure. Je n'ai pas un sens infaillible du timing. Cela pourrait se passer bientôt, ou encore pas du tout. La crise touchera sûrement des domaines spécifiques, comme l'immobilier, alors que d'autres ne seront pas touchés. Mais qui sait ? Dès que vous entendrez aux informations que l'économie chinoise connaît une crise similaire à celles de 1989 et de 1994, vous achèterez des actions ou des matières premières chinoises. J'ai recommencé à acheter des actions chinoises à la fin de l'année 2005, puis en 2006, et de nouveau en 2008, pour la première fois depuis 1999.

La Chine, c'est d'abord les matières premières

Les progrès de la Chine amènent avec eux une hausse de la demande en matières premières. La Chine, avec ses 1,3 milliard d'habitants, consomme du métal, du fer et du soja ; c'est le premier consommateur de cuivre au monde et le deuxième en matière d'énergie, notamment de pétrole. De plus, la demande augmente d'année en année, et même chaque mois. Il faudra au moins dix ans de plus pour que l'offre puisse correspondre à la demande. Avant que cela n'arrive, ce déséquilibre continuera à faire augmenter le prix des matières premières malgré les corrections normales et périodiques apportées aux prix.

Chapitre 10

Connaissez-vous vous-mêmes en comprenant quelles sont vos faiblesses et en reconnaissant vos erreurs

Sachez qui vous êtes

Bien sûr, vous devez connaître le contexte du monde où vous vivez, ainsi que l'Histoire. Mais, et c'est encore plus important, vous devez vous connaître vous-mêmes. Regardez-vous dans le miroir et demandez-vous ce qui vous motive. Si vous arrivez à le savoir, vous aurez plus de chances de vous en sortir en cas de crise. Observez également comment vous réagissez face à vos erreurs, pour que vous puissiez agir de façon plus constructive la prochaine fois que cela se passe mal.

Par exemple, je sais qu'il m'arrive souvent de voir les choses bien avant les autres et d'agir trop vite en conséquence. J'ai donc essayé de me forcer à attendre. Quand j'étais jeune, je me suis souvent laissé emporté quand les actions augmentaient, entraînant l'hystérie générale, ou quand les gens vendaient, paniqués. Il m'est souvent arrivé de participer. J'ai appris que quand j'ai désespérément envie de me joindre à un mouvement de groupe, je dois me forcer à faire le contraire. Il est extrêmement difficile de dire

« achetez » quand tout le monde est en train de vendre et que je voudrais tellement faire de même, mais l'expérience m'a appris à mieux gérer mes émotions.

D'accord, nous faisons tous des erreurs. Ce qui est important lorsqu'on fait des erreurs de jugement, c'est d'être capable de reconnaître ces erreurs. Si vous devenez adulte sans être capable d'admettre que vous vous êtes trompé (dans la vie, comme dans l'investissement), vous apprendrez vos leçons de la manière la plus dure qui soit. Ce n'est que quand vous reconnaîtrez vos erreurs que vous pourrez faire ce qui est nécessaire pour vous remettre dans le droit chemin.

Les gens se laissent facilement emporter par les mouvements de foule

Même ceux qui prétendent être des professionnels sont parfois convaincus par l'opinion de la majorité. Je me rappelle que quand j'ai commencé à travailler à Wall Street à temps plein en 1968, lors d'une période de panique générale, je partageais un bureau avec un analyste plus âgé que moi car la croissance était si forte que les entreprises n'arrivaient pas à obtenir plus d'espace pour leurs bureaux (je sais maintenant que c'est mauvais signe). J'étais en train de travailler sur des chiffres avec assiduité quand un cadre entra en trombe dans le bureau pour voir l'analyste. Quand il me vit avec ma feuille remplie de chiffres, il s'exclama : « les gens perdent-ils toujours leur temps avec ça ? ». J'avais honte, bien sûr, mais ce cadre était ruiné quelques mois plus tard quand la petite bulle dans laquelle il vivait explosa.

Plus récemment, certains « experts » ont perdu beaucoup d'argent dans la débâcle du « dot com ». Vous pouvez imaginer à quel point il était dur pour les gens qui vivaient dans une bulle au quotidien de voir que tout le monde autour d'eux devenait riche, au moins sur le papier. C'était peut-être une nouvelle ère, et les anciennes règles ne s'appliquaient plus. Chaque fois que l'on entre dans une soi-disant Nouvelle Ere, les gens se mettent à oublier les règles d'évaluation des investissements qui sont utilisées depuis des dizaines d'années, parce qu'ils pensent que la croissance sera tellement importante que les actions se vendront à des prix incroyables, puis tripleront et quadrupleront de nouveau. Les mesures classiques comme la valeur comptable, les revenus par action et les dividendes seront ignorées et même tournées en ridicule.

Le Wall Street Journal commença à parler de la Nouvelle Economie à la fin des années 1990 parce que, prétendait-il, « tout avait changé ». Les entreprises sans passé, qui vendaient peu et ne faisaient pas de profit était introduites en Bourse et s'envolaient. Des milliers de gens devinrent multimillionnaires du jour au lendemain. On prévoyait une forte hausse des revenus à l'avenir, qui durerait plusieurs années. En fin de compte, bien sûr, les anciennes règles s'avérèrent toujours être applicables, et beaucoup de gens l'ont appris dans la douleur. Le Wall Street Journal recommença à utiliser des lettres minuscules les rares fois où il mentionnait la « nouvelle économie ». Beaucoup d'entreprises s'effondrèrent puis disparurent, comme chaque fois que finit une « nouvelle ère ».

Le Japon en est un autre exemple. En 2002 et 2003, la plupart des analystes et des économistes n'encourageaient pas à l'achat d'actions japonaises. Certains allaient jusqu'à affirmer que les investisseurs devraient vendre toutes leurs actions japonaises et même suggéraient que les Japonais quittent le Japon. Ces conseils mal éclairés étaient nés d'un mouvement de foule ; la crise était tellement bien installée que même les professionnels n'arrivaient pas à voir les changements prometteurs alors qu'ils se passaient sous leurs yeux.

Le Japon avait vécu dans une énorme bulle dans les années 1980. Quand celle-ci éclata, en 1990, les prix s'effondrèrent, entraînant avec eux l'économie entière. Le gouvernement et la Banque du Japon ont commis l'erreur d'essayer d'arrêter les effets naturels de cette récession en soutenant plusieurs entreprises en difficulté. Tout comme un feu de forêt sert à se débarrasser du bois mort et les sous-bois pour que la forêt puisse se renouveler, les récessions permettent d'assurer la croissance future. Au Japon, des entreprises qui auraient dû être liquidées sont devenues des « entreprises zombies » en survivant avec peine grâce au soutien artificiel du gouvernement. Mais ce n'était qu'une solution de fortune qui, bien qu'elle retardait le déclin, remettait à plus tard le redressement de l'économie. Un pays peut dépenser plus d'argent pour essayer d'éviter une récession que ce qu'aurait coûté cette récession. En outre, la plupart des pays développés ont aujourd'hui mis en place des filets de sécurité pour limiter les dommages créés par les récessions.

Le Japon parle toujours des années 1990 comme de la « décennie perdue », caractérisée par aucune catastrophe, mais par aucun redressement non plus. (A propos, les Etats-Unis ont suivi le même chemin dans les années 1970, et ont connu une décennie de récession avant qu'une nouvelle politique ne permette au pays de prendre enfin un nouveau départ. On pourrait penser que les banquiers tirent leurs leçons de l'Histoire, mais, malheureusement, les Etats-Unis sont en train de faire la même erreur, et pourraient connaître des difficultés économiques pendant des années.) Cependant, il faut garder à l'esprit que l'une des bases de l'économie japonaise, et ce, depuis longtemps, est l'emploi à vie dans une même entreprise. Lorsque les entreprises ont dû licencier des salariés dans les années 1990, ce fut un événement sans précédent et le pays connut une sorte de dépression nationale, qui se refléta dans les taux de natalité très bas, et un nombre de suicides extrêmement haut.

Il fallut treize ans de stagnation, mais en 2003, l'économie japonaise a fini par rebondir. Depuis, le marché boursier a doublé.

Ne paniquez pas, apprenez la psychologie

Pour avoir du succès en tant qu'investisseur, vous devez comprendre la psychologie en plus de l'Histoire et de la philosophie. Il arrive très souvent que ce soient les émotions qui entraînent le marché vers le haut ou vers le bas. Rappelles-vous que les économies et les marchés boursiers sont deux choses bien distinctes. Comme l'a dit Paul Samuelson, l'économiste à qui on a décerné un Prix Nobel, « le marché boursier a anticipé neuf des cinq dernières récessions ». L'économie chinoise, par exemple, s'est rapidement développée ces dernières années, alors que sa Bourse a connu un déclin constant pendant quatre ans, entre 2001 et 2005. Les gens ont dramatisé les bonnes ou mauvaises nouvelles, et ont acheté ou vendu à découvert au mauvais moment. La psychologie de l'investisseur peut accélérer de telles tendances du marché.

Il peut arriver à n'importe qui de paniquer. J'ai paniqué quelques fois, et perdu de l'argent en bourse. Après le choc pétrolier de 1978 à 1980, quand les prix du pétrole ont doublé, j'ai vu le prix du pétrole continuer à augmenter.

Mes recherches m'apprirent que, avec l'offre dépassant la demande, le prix baisserait bientôt, ce qui m'amena à vendre à découvert. A ce moment précis, la guerre éclata entre l'Iran et l'Irak, deux des plus grands producteurs de pétrole. Tout le monde avait peur d'une possible pénurie de pétrole, par conséquent, les prix continuèrent à augmenter toujours plus.

J'ai du admettre que j'avais commis une erreur de jugement. Certains appellent cela de la malchance, mais non. Je n'avais pas bien fait mon travail. J'aurais du voir venir le conflit entre ces deux ennemis. Quelqu'un devait savoir que cette guerre était imminente. Il y avait forcément eu des grands mouvements militaires. Des machines de propagande avaient du être activées. Comme un trader novice, j'ai péniblement dû racheter la position que j'avais vendue, à un prix plus élevé. Le prix du pétrole finit par chuter, comme je l'avais prédit, mais il était trop tard : j'avais déjà fermé ma position.

Avec le recul, je n'aurais pas dû paniquer. J'aurais dû me rendre compte que les bases qui soutenaient le prix du pétrole n'étaient pas sûres. Je n'avais pas encore compris les effets de foule à l'époque, ce qui m'a conduit à faire une erreur qui m'a coûté très cher. Perdre ses persepectives en pleine panique au sein du marché équivaut à perdre son argent dans ce marché.

Vendons l'hystérie

La plupart du temps, c'est dans les investissements à court terme que les prix sont influencés par les émotions. Les investissements à moyen et long terme sont d'habitude plus influencés par les fondamentaux. D'habitude, je n'utilise pas de graphique pour investir. Mais certaines personnes sur le marché utilisent des graphiques des mouvements précédemment subis par les matières premières et les actions, afin de prévoir les futurs changements des prix. Ces personnes sont appelées « techniciens » ou « chartistes ». Elles passent beaucoup de temps à méditer sur l'historique des prix et les développements qui apparaissent sur leurs graphiques afin de prévoir ce qui se passera ensuite. Il m'arrive parfois de recourir à cette méthode afin de savoir ce qui s'est passé et de vérifier certains faits si je sens que la panique s'est emparée de la foule. Les graphiques montrent parfois une hausse très nette, une indication que les prix sont montés bien au-delà de leur valeur réelle. Cela veut dire que les gens ont perdu leur perspective et montre le niveau d'hystérie atteint. Je sais que les prix finiront par revenir à leur niveau approprié, alors je vends à découvert. Mais vous devez faire attention de ne pas vendre à découvert juste parce que les prix sont hauts. Ne vendez jamais à découvert à moins que les prix soient astronomiquement élevés et que vous prévoyiez un changement négatif à l'avenir.

Récemment, j'ai cherché des signes d'hystérie dans les graphiques pour certaines actions relatives à l'immobilier, et décidé de les vendre à découvert. Ce que je veux que vous vous rappeliez, c'est que les bulles explosent lorsque l'hystérie apparaît, alors que les prix qui chutent finissent souvent par déclencher la panique. On peut observer cette panique qui saisit les prix en chute lorsqu'on les voit baisser jour après jour pendant de longues périodes. Dans l'Histoire, de longues périodes de vente ont fini par des « paroxysmes de ventes » où tout le monde panique et vend pour sortir du marché à tout prix, peu importe le prix réel. Des déclins des prix importants devraient attirer votre attention. Voilà une bonne règle à suivre : vendez pendant les périodes d'hystérie et achetez pendant les périodes de panique. Souvenez-vous de toujours acheter bas, et de vendre cher. Cela paraît si simple, et pourtant c'est tellement difficile. Gardez toujours cette règle à l'esprit, surtout quand vous vous laissez gagner par vos émotions.

Chapitre 11

Apprenez à reconnaître le changement et à l'embrasser

Tout change. *Tout.*

Pour savoir ce qui est susceptible de se passer à l'avenir, vous devez être capables de comprendre les événements actuels et les changements que subit le monde. Tous les environnements sociaux se transforment dans le temps. Certains considèrent ces changements comme des signes que la société s'ouvre, d'autres comme des preuves qu'elle se ferme sur elle-même. Peu importe votre opinion sur la question, refuser le changement, c'est comme nager à contre-courant dans une rivière en crue. Essayez de résister, et vous ne tiendrez pas longtemps.

Personne n'a défié le principe de l'offre et de la demande et y a survécu

En 1991, le monde a été témoin d'un changement majeur : la chute de l'Union Soviétique. L'état totalitaire s'est montré incapable de soutenir ses institutions à cause des défauts du communisme, cette idéologie qui refusait le principe fondamental que l'on peut trouver sur la première page de n'importe quel manuel d'économie : l'offre et la demande.

Il est logique que le communisme ait échoué. Tous les prix fluctuent en fonction de l'offre et de la demande. Par conséquent, soutenir une structure des prix déformée est impossible, même pendant très peu de temps, et même dans un seul pays. Aucun gouvernement, aucun empire n'a jamais défié le principe de l'offre et de la demande et en est sorti gagnant. En 1990, j'ai voyagé en moto à travers les villes de l'Union Soviétique. J'ai vu les ténèbres partout où je suis allé (et ce n'était pas seulement dû au ciel Russe, éternellement gris). J'avais l'impression que je voyais le communisme au bord du gouffre. Deux ans plus tard, l'URSS disparaissait.

Le changement peut être un catalyseur

Quand je donne des conseils à propos de l'investissement, j'insiste toujours sur l'importance de savoir reconnaître le changement. Les investisseurs qui réussissent arrivent à le faire, que ce soit en achetant des actions, des matières premières, des devises étrangères, des obligations, des immeubles, des objets d'art, des pièces, des timbres, des objets de collection, etc., à des prix extraordinairement bon marché, tout en prenant très peu de risques avec leur argent.

Mais un prix bas, seul, n'est pas une raison suffisante pour investir. Si quelque chose reste toujours bon marché, c'est qu'elle n'a aucune valeur reconnue, et ses actions pourraient très bien continuer à n'être que des bouts de papier sans valeur. Pour qu'un prix monte, il faut un catalyseur et, pour ce qui est de l'investissement, ce catalyseur, c'est le changement. Peu importe en quoi consiste ce changement, celui-ci doit avoir un impact significatif sur un pays ou une industrie, et il doit être reconnu comme tel dans le monde entier dans les années qui suivent. Si c'est un véritable changement, d'autres personnes remarqueront l'évolution, et les prix augmenteront pour refléter le changement de circonstances. Les nouveaux investisseurs se mettront au courant, et les prix peuvent augmenter considérablement pendant des années.

Composez avec le changement

Comment s'occuper du changement ? Je parle non seulement des changements superficiels, mais aussi des transformations fondamentales qui arrivent peut -une fois en dix ans.

Quand j'étais enfant, tout de suite après la Seconde Guerre Mondiale, l'Amérique était le pays le plus riche et le plus puissant au monde. Aujourd'hui, nous sommes la nation qui a la plus grande dette et nous nous sommes engagés bien au-delà de nos moyens. Lorsque mon grand-père est revenu au pays en 1918 après avoir servi comme pilote lors de la Première Guerre Mondiale, le Royaume-Uni était toujours considéré comme le pays le plus riche et le plus puissant de la planète, et pourtant peu de gens voyaient que cela était en train de changer. En l'espace d'une seule génération, le Royaume-Uni perdit son empire et devint un désastre financier.

Vous adapterez-vous aux changements autour de vous, ou y résisterez-vous, en regrettant le « bon vieux temps » ? J'espère que vous vous y adapterez ! Car ceux qui n'y arriveront pas couleront. Ceux qui reconnaissent le changement et y réagissent de la bonne manière en profiteront.

Chapitre 12

Regardez vers l'avenir !

On serait tous millionnaires si l'on pouvait lire le journal du futur

Quand j'avais une vingtaine d'années et que je travaillais chez Neuberger & Berman, l'un de mes supérieurs me dit, alors qu'il lisait son journal du matin : « Quand le marché ouvre, Jim, il devrait y avoir cent mille actions de la compagnie X, qui se vendront au prix Y, et je veux que vous achetiez ces actions ». Et, lorsque le marché ouvrit, il y eut un ordre de vente pour ce nombre exact d'actions, et pour un prix presque égal à celui qu'il avait prédit. Il était capable de savoir ce qui allait se passer simplement en lisant le journal et en mesurant l'humeur du marché. Cela m'impressionne toujours aujourd'hui.

Ceux qui peuvent observer les événements au fur et à mesure qu'ils se déroulent gagneront certainement de l'argent. Après avoir fait le tour du monde de 1990 à 1992, j'ai écrit mon premier livre, *Investment Biker*. Récemment, un journaliste m'a fait remarquer que plusieurs des prédictions que j'avais faites dans ce livre s'étaient réalisées, comme la montée du nationalisme et de l'islamisme. Comment ai-je fait pour prédire l'avenir ? C'est ce que ce journaliste voulait savoir. J'ai simplement fait ce que fait tout investisseur expérimenté : j'ai lu les informations.

Mon voyage en moto coïncidait avec la fin de la Guerre Froide, la lutte entre le communisme et le capitalisme. Alors que je voyageais à travers le bloc communiste, j'ai vu que les frontières que l'URSS avait imposées à des groupes ethniques opposés étaient entrain de se disloquer. Il paraissait logique qu'une fois débarrassés des institutions et de l'idéologie de l'Union Soviétique, ces différents groupes finiraient par mettre en avant leurs propres identités, fondées sur l'ethnie, la religion ou la langue. Je suis parvenu à cette conclusion grâce à mon intérêt pour la philosophie et l'Histoire. Mais dans ce cas précis, au lieu de lire le journal, je me suis fondé sur mes propres observations des développements dans ces régions au moment où cela se passaient.

Beaucoup de pays se diviseront

D'ici cent ans, il y aura probablement entre trois cents et quatre cents Etats sur cette planète, presque deux fois plus qu'il n'y en a aujourd'hui.

Aujourd'hui, les gens du monde entier conduisent des Toyota, dansent sur la musique de la pop star du moment, mangent aux McDonald's ou dans les restaurants chinois, mais ces changements lassé certains groupes de personnes. Ces dernières cherchent des alternatives, veulent avoir plus de contrôle sur leurs vies. Maintenant qu'elles ne sont plus limitées par le carcan idéologique qui leur avait été imposé par un gouvernement totalitaire, elles cherchent à exprimer leur identité à travers de nouvelles attaches religieuses, tribales, ethniques ou linguistiques. Les frontières nationales seront ainsi redessinées, et le monde sera plus fragmenté et plus complexe. Les empires et les grands Etats-nation qui se sont construits ces dernières décennies fonctionnent souvent mal et se disloqueront. Cependant, cela pourrait se faire de manière pacifique, sans qu'il n'y ait de guerre. Par exemple, en 1993, la Tchécoslovaquie s'est divisée en deux pays, la République Tchèque et la Slovaquie, sans que du sang ne soit versé. Espérons que c'est ce qui arrivera, car des gouvernements plus petits et plus sensibles aux besoins des peuples seraient ce qu'il y a de mieux pour nous tous. Malheureusement, l'Histoire montre que la plupart du temps, les hommes politiques gâchent tout.

Prédictions : l'Irak se divisera en fonction des courants religieux en trois ou quatre pays. Le Canada, la Russie, l'Inde, le Brésil et la République Démocratique du Congo pourraient également se scinder. Lorsqu'on comprend l'Histoire et qu'on lit l'actualité de manière intelligente, on voit que ces évolutions sont inévitables et naturelles. Aucun pays existant encore aujourd'hui a gardé les mêmes frontières et le même gouvernement pendant plus de deux siècles. Le monde continuera à changer.

Ne pariez pas sur ce qui se meurt

Regardez vers l'avenir. Ne vous accrochez à rien qui cessera d'exister. Peu importe combien de temps ou d'énergie ou d'argent vous y consacrez, une fois que quelque chose a disparu, c'est pour toujours.

Dans plusieurs centaines d'années, il n'y aura peut-être plus que trente langues parlées dans le monde. Beaucoup de langues s'éteindront car elles ne seront plus utilisées. Celles qui ont de grandes chances d'être encore parlées dans plusieurs siècles sont l'anglais, le chinois, et l'espagnol. Si vous voulez vraiment avoir du succès, pariez sur ce qui va survivre.

L'époque des femmes arrive !

En Asie, les femmes ont toujours été traitées différemment des hommes. C'est une tradition. Dans beaucoup de pays, la famille d'une fille devait payer une dot quand elle se mariait afin de l'aider à trouver un mari. Comme ailleurs, les femmes en Asie ont toujours souffert d'un manque d'égalité des chances dans la société ; elles ont subi des discriminations dans le cadre de leurs salaires et de leurs promotions sur le marché du travail. Mais tout cela va changer. En Chine, en Corée, en Inde et dans d'autres pays d'Asie, où la priorité était la naissance de garçons, on manque aujourd'hui de filles. Bientôt, l'asiatique moyen connaîtra de grandes difficultés pour trouver une femme. Par exemple, en Corée du Sud, il y a 120 garçons de vingt ans pour 100 filles du même âge, alors qu'en Chine, le taux de natalité est de 119 garçons pour 100 filles. Lorsque toutes ces filles deviendront des femmes, elles exigeront une plus grande liberté. Les conséquences de ce phénomène seront énormes : les professions, l'éducation, la politique, tout va changer. Je suis si heureux d'avoir deux filles !

Faites attention à ce que tout le monde néglige

La plupart des investisseurs regardent uniquement les marchés forts. En 1998, mes recherches m'ont indiqué que l'ère des matières premières approchait. A l'époque, très peu de gens ont remarqué que le long ralentissement du marché des matières premières avait largement limité les réserves. Une journaliste m'a demandé quelle était selon moi la meilleure option pour les investisseurs privés. J'ai poussé le sucre vers elle (nous étions à table), lui sourit, et dit : « *ceci* est le meilleur investissement. Ramenez-le chez vous. » A l'époque, le prix du sucre était de 5,5 centimes par livre. La journaliste m'avait regardé d'un air sceptique et je lui rendis son sourire. Parfois, plus un investissement paraît ridicule aux yeux des autres, plus il y a de chances qu'il vous fera réaliser des profits.

Si vous recherchez le succès, dépêchez-vous de commencer quelque chose de nouveau, que personne n'a jamais essayé. Et si vous voulez investir, recherchez les bas prix. Beaucoup ont fait des bénéfices en investissant là où personne d'autre ne voyait un profit potentiel, par exemple en plaçant de l'argent dans les matières premières en 1998. Vous pouvez êtres riches si vous avez le courage d'acheter quelque chose qui est encore dans le radar du bon sens.

A propos, le prix du sucre a fini par tripler. Mais je parie que cette gentille journaliste a raté sa chance de se faire beaucoup d'argent.

Plus quelque chose est certain, moins il y a de chances que cela vous soit profitable

Plusieurs personnes qui ont assisté à mes cours m'ont demandé si un investissement ou un autre sera profitable « à coup sûr », ou quand exactement devraient-elles acheter et vendre. Lorsque quelqu'un me demande si tel investissement est sûr, je leur réponds en toute honnêteté que je ne sais pas. Rien dans ce monde n'est absolument certain, sauf mon amour pour vous, mes filles. Quand plusieurs personnes sont absolument sûres de quelque chose, vous devriez vous en méfier.

Ne pensez pas en termes de ce que vous voulez

Ne prenez jamais vos désirs pour des réalités. Agissez sans vérifier les faits, et il y a des chances que vous soyez emportées par la foule. Quand vous voyez plusieurs personnes se comporter de la même manière, il est temps pour vous d'enquêter de manière objective sur l'offre et la demande.

Je vous donne un exemple : en 1980, tout le monde voulait posséder de l'or. Le prix avait atteint les 850$ par once. Mais il était évident que l'or était produit en de trop grandes quantités ; après tout, un fournisseur augmente forcément sa production de tout ce dont le prix augmente. De nombreuses personnes ont acheté de l'or à ce prix malgré l'inflation, affirmant que l'or était différent des autres matières premières. Comme ils avaient tort.

Alors que de plus en plus d'or était produit, la demande pour ce métal précieux commença à baisser. En fait, certains propriétaires de bijoux en or les vendaient à des raffineurs pour qu'ils le fondent, ce qui augmenta encore l'offre. En 2000, le prix de l'or avait plongé jusqu'à atteindre les 250$ par once. L'Histoire nous montre que la plupart des bulles mettent des années à se recréer, et il n'y a donc rarement une raison pour ruer dans les brancards après une période de folie. Le même changement dans l'offre et la demande a touché l'argent, qui passa de 50$ en 1980 durant sa période de folie à moins de 4$ deux décennies plus tard.

Lorsque vous constatez que tant de gens s'éloignent de la réalité, arrêtez-vous et faites une analyse objective de l'équation entre l'offre et la demande. Si vous gardez en tête ce principe de base, vous vous rapprocherez du succès.

Apprenez quand rester inactif

Chaque fois que vous vous dites que vous êtes un génie de la finance, alors qu'en fait vous avez juste eu de la chance, il est temps de vous asseoir et de ne rien faire pendant un moment. Si vous rencontrez le succès sur un marché en hausse et décidez que vous êtes douées, arrêtez-vous là. Investir à ce moment-là est dangereux, car vous commencez à penser comme tout le monde. Attendez que le mouvement de foule s'estompe.

Chapitre 13

La chance sourit à ceux qui persévèrent dans leurs efforts

Faites votre travail personnel ou vous vous retrouverez avec de la verroterie

Une fois que vous aurez fait ce premier pas vers votre rêve, mettez-y tous vos efforts. Faites votre travail personnel. Si vous voulez avoir du succès, vous ne devez jamais oublier cela. Parmi tous mes investissements, ceux qui ont le mieux réussi sont ceux auxquels j'ai accordé le plus de temps et de travail, en rassemblant toutes les informations que j'ai pu trouver, et en recherchant chaque détail. Si vous ne comprenez pas quelque chose - je veux dire vraiment comprendre - vous n'aurez jamais du succès. De même, si vous vous contentez de tâter le terrain superficiellement dans un domaine, vous jouez au casino mais vous n'investissez pas.

Quand votre mère et moi parcourions le monde, j'ai acheté pour elle un diamant à des contrebandiers en Namibie. Ils m'ont dit que le diamant valait 70.000$. J'ai marchandé et obtenu une réduction de plus de 500$ car je pensais que les vendeurs étaient désespérés. Dès qu'elle le vit, votre mère me dit que je m'étais fait avoir. Plus tard, en Tanzanie, j'ai montré mon achat à un marchand de diamants. Il a ri, car ce n'était pas un diamant mais de la verroterie. Bien sûr, je connaissais la valeur des diamants, mais ma connaissance sur les diamants s'arrêtait là. J'étais un tel amateur que je ne voyais même pas la différence entre un véritable diamant et un faux ! J'avais toujours conseillé aux autres d'investir seulement dans ce qu'ils connaissaient, et je venais de me ridiculiser à propos de diamants.

Les personnes arrogantes sont aveugles à la vérité

Si vous laissez la vanité et la suffisance vous gagner, vous perdrez très vite tout ce que vous avez acquis.

Il suffit de regarder les Etats-Unis. Certains Américains ne s'intéressent pas au monde, et pensent pourtant qu'ils en sont le centre. Ils ne comprennent pas pourquoi l'Amérique a cessé d'être aussi compétitive qu'elle l'était autrefois. Ils croient que dévaluer la monnaie est le meilleur moyen de vendre des produits américains. Avec une telle logique, le dollar américain ne pourra pas rester fort très longtemps.

Dans l'Histoire on trouve de nombreux cas de pays qui ont essayé de dévaluer leur monnaie pour faire repartir leur économie en la rendant un peu plus compétitive. Cela peut marcher sur le court terme, mais pas toujours. Seuls la qualité et le service fonctionnent sur le long terme.

L'ignorance naît d'un excès de suffisance. Ne vous laissez jamais devenir arrogantes. Travaillez dur. Plus vous apprendrez, plus vous verrez que vous en savez très peu et, grâce à cette humilité, vous ne perdrez jamais de vue la frontière qui sépare l'assurance de la suffisance.

Lorsque vous travaillez pour réaliser votre rêve, ne vous arrêtez pas

Quand je faisais le tour du monde avec votre mère, mon père fut atteint d'un cancer et il nous quitta. Mais je n'ai pas interrompu notre voyage pour retrouver mon père. Cela peut paraître égoïste et froid, je veux donc que vous sachiez pourquoi j'ai fait ce choix. Ce voyage était le rêve de mon père autant que le mien. C'est lui qui a insisté pour que je n'arrête pas le voyage pour lui. Quand son état a empiré, il était important pour moi de lui dire combien j'étais fier de lui et à quel point je l'aimais. Je l'appelais fréquemment et je lui ai écrit de nombreuses lettres. Mais je ne suis pas rentré aux Etats-Unis. Je pleure encore quand je me souviens de cette période et de ce qu'il souhaitait.

Je veux que vous réalisiez vos rêves. C'est ça, mon rêve. En tant que père, je vous souhaite une vie remplie de bonheur. Je veux que vous viviez vos passions. Travaillez pour réaliser vos rêves, pas ceux de quelqu'un d'autre et pas les miens, non plus. Beaucoup de gens essaient de vivre pour les autres (leurs enfants, leurs époux, leurs parents, leurs amis), et ce faisant, se tuent à essayer de réaliser les attentes de ces derniers qui sont souvent trop grandes et irréalisables. Cela laisse peu de place pour l'épanouissement personnel et les progrès, et donne naissance à du ressentiment à cause des opportunités manquées.

Je vous offrirai toujours des conseils sur ce que je pense que vous devriez faire, mais la décision vous appartient, et vous choisirez de refuser ou d'accepter les conseils que je vous donnerai ! Je ne veux pas que vous meniez vos vies en fonction de moi. Parce que je vous aime, je vous incite à être fidèles à vous-mêmes. Chaque effort que vous ferez pour vivre pleinement ne fera que renforcer mon amour pour vous. Je suis votre père, mais vous devez vous fixer vos propres buts, vous projeter dans l'avenir, et trouver vos propres chemins. Je ferai de mon mieux pour vous aider à éviter de faire des erreurs, mais je sais que vous en ferez quand même. Je ferais tout ce qui est en mon pouvoir pour vous empêcher de souffrir et de connaître des échecs ; c'est ce que font les pères. D'ailleurs, je me sens toujours un peu mal quand l'une de vous grimace lors d'un vaccin. Ce que j'essaie de vous dire, c'est qu'en fin de compte, votre succès et votre bonheur dépendent de vous !

Vous vous marierez probablement un jour. J'ai commis quelques erreurs dans ce domaine, je sais donc combien c'est difficile. J'avais agi en ignorant mes propres doutes et mon jugement, et donc imprudemment, en partie parce que j'avais l'impression qu'il était trop tard pour revenir en arrière. Votre mère a fait preuve de plus d'intelligence que moi pour prendre ce qui est peut-être la décision la plus importante dans la vie. Soyez extrêmement prudentes, voire réticentes, avant de vous marier. Ne vous mariez pas si vous avez le moindre doute, même si cela vous conduit à vous enfuir de l'autel à la dernière minute. Votre mère et moi serons toujours là pour vous.

Passez le message à vos enfants

Il me tarde de vous transmettre les leçons que mes parents et mes grands-parents m'ont apprises. J'ai la conviction que vous élever sera la meilleure expérience de ma vie. Happy, quand tu étais encore dans le ventre de ta mère, je t'ai acheté une carte du monde et un globe, ainsi qu'une tirelire. Bien sûr, j'ai fait de même pour Baby Bee. J'espère qu'un jour vous partagerez avec vos enfants la sagesse que votre mère et moi vous avons transmise.

Epilogue

Les détails sont toujours fondamentaux dans la vie. J'ai donc choisi de finir ce livre en vous transmettant une série de règles qui m'ont guidé.

Achetez toujours des produits de qualité. Ils durent plus longtemps et gardent leur valeur.

Mangez toujours avant d'aller faire vos courses ! Si vous y allez en ayant faim, vous finirez par acheter plus de nourriture que ce dont vous avez besoin !

Tout ce que l'on « doit voir », « doit essayer », « doit lire » devrait presque toujours être évité, surtout si c'est populaire.

Gardez vos bonnes manières peu importe où vous êtes ou qui vous rencontrez. Elles constituent une vérité éternelle qui vous distinguera toujours des autres. Soyez attentives aux variantes de chaque société car les bonnes manières diffèrent souvent selon les cultures.

Faites attention aux politiciens, peu importe d'où ils viennent. C'étaient les rois de la récréation quand ils étaient à l'école, mais ils n'ont pas excellé à grand chose depuis.

Ne demandez jamais à quelqu'un combien il gagne, ou combien coûte telle chose. Ne dites jamais à quelqu'un combien vos possessions coûtent. Ne dites jamais combien d'argent vous gagnez ou vous avez. C'est ce que m'ont appris mes parents et mes grands-parents car, au moins pour nous, c'est faire preuve d'impolitesse et d'ostentation. Faites vos preuves grâce à vos actes plutôt qu'en parlant de votre argent. Aujourd'hui, de nombreuses personnes adorent parler de leur argent et montrer à quel point elles sont riches, mais j'espère que vous ne serez pas comme ça.

Si et quand vous emprunterez de l'argent, remboursez-le à temps ou, encore mieux, à l'avance. Un bon crédit est vital. Un solde créditeur négatif vous hantera pendant des années.

Au fur et à mesure que vous grandirez, vous aurez affaire aux garçons. Je vous donnerai toujours des conseils et des avertissements à propos des garçons. Le principe de base est le suivant : ils ont besoin de vous plus que vous n'avez besoin d'eux. Ils vous feront des millions de promesses en essayant de vous séduire. Croyez-moi, je le sais très bien ; je peux raconter leurs histoires mieux qu'eux. Ignorez-les et restez fidèles à vous-mêmes. Utilisez votre bon sens quand vous commencez à recevoir des promesses, des compliments et des flatteries absurdes. Ne suivez pas un garçon pour aller dans une école, une ville ou un travail différent. Faites en sorte que ce soient les garçons qui vous suivent.

Quand vous serez plus âgées, rappelez-vous que vous gagnerez peu à aller dans des bars de rencontres. Les barmen en apprendront plus et gagneront plus de cette expérience que vous.

Faites attention : la plupart des hommes qui sont assez âgés pour être votre père ou votre grand-père ne vous considèrent pas comme leur fille ou leur petite-fille.

Ne vous mariez pas avant d'avoir au moins vingt-huit ans et d'en savoir un peu plus sur le monde et sur vous-mêmes.

Il est essentiel de conserver une frontière entre le travail et la vie personnelle. Evitez d'aller boire un verre avec vos collègues après le boulot tous les soirs. Vous remarquerez que le patron ne le fait pas, ce qui est l'une des raisons pour laquelle c'est lui le patron. Et pendant qu'on parle du patron : il n'y a que rarement, voire jamais, de bonne raison pour boire un verre seule avec lui ou avec elle, encore moins dîner. Et puisqu'on parle d'alcool, n'en buvez jamais à un déjeuner de travail. Enfin, et c'est important, éviter les histoires d'amour au bureau. Elles finissent souvent en désastre personnel et professionnel pour l'un des deux, voire pour les deux.

Utilisez toujours les toilettes avant de faire un long trajet en voiture ou de faire une apparition en public.

Apprenez à taper à la machine et à coudre. Je ne l'ai jamais fait, et je l'ai souvent regretté.

Apprenez à réaliser autant de calculs mentaux que vous pouvez. Cela peut vous paraître étrange, puisqu'on peut trouver des calculettes partout, mais vous aurez ainsi une longueur d'avance sur les autres en comprenant mieux les chiffres, tout en remarquant des anomalies que les autres rateront. De plus, que feront-ils le jour où ils auront oublié leur calculette à la maison ? Ce sera un énorme avantage pour vous car peu de gens pourront vous suivre.

Enfin, prenez soin de vous ! C'est difficile d'avoir du succès si l'on n'est pas en bonne santé et reposé. Vous savez que votre mère passe son temps à vous mettre de la crème solaire ? Elle a totalement raison.

Apprenez à rester calme, surtout en cas de forte pression ou de changements. Vous prendrez de bien meilleures décisions et, en plus, tout le monde remarquera très vite que vous êtes plus calme que les autres quand vous êtes sous pression. Je me suis amélioré, mais je suis encore une tête brûlée parfois, et je le regrette toujours ensuite.

Soyez toujours en avance pour vos rendez-vous. Vous gérerez votre temps de manière plus efficace et ferez bonne impression, puisque de nombreuses personnes arrivent en retard, certaines en font même une habitude.

Une fois que vous vous connaîtrez vous-mêmes, souvenez-vous de qui vous êtes et tenez-vous en là. Je me laisse encore emporter parfois, j'agis en fonction de mes émotions ou je fais des choses pour lesquelles je ne suis pas doué. Je regarde toujours en arrière et j'essaie de me contraindre à me rappeler que je dois rester fidèle à moi-même. Par exemple, il m'arrive de choisir un investissement à la hâte lorsqu'il est en hausse, alors que je me rends compte plus tard que c'est l'émotion qui a pris le pas sur ma connaissance de moi. Je le regrette toujours quand je ne m'en tiens pas aux domaines où je suis le meilleur, que ce soit pour l'investissement ou pour tout le reste.

Collection de livres d'investissement

Secrets pour gagner en Bourse
Stan Weinstein

L'investisseur intelligent
Benjamin Graham

Découverte de l'analyse technique
Antoine Dublanc

Les nouveaux maîtres de l'argent
John Train

Le guide des indicateurs de marchés
Antoine Dublanc et Florent Barrioz

Les secrets des grands traders
Jack Schwager

Le momentum par Martin Pring
Martin Pring

Les chandeliers japonais
Steve Nison

L'alchimie de la Finance
Georges Soros

Et si vous en saviez assez pour gagner en Bourse
Peter Lynch

Acheter en Bourse au bon moment
Martin Zweig

L'investisseur visuel
John Murphy

Le portefeuille de Warren Buffett
Robert Hagstrom

Actions ordinaires et profits extraordinaires
Philip Fisher

Dow 36.000
James K. Glassman et Kevin A. Hassett

Comment gagner avec les actions
William O'Neil

Exubérance irrationnelle
Robert Shiller

Vivre du trading
Alexander Elder

Le day trading en action
Marc Friedfertig et George West

Chandeliers et autres techniques d'Extrême-Orient
Steve Nison

Guide d'exercice du livre « Vivre du trading »
Alexander Elder

L'analyse technique de A à Z
Steven B. Achelis

Investir dans la valeur
Bruce C.N. Greenwald, Judd Kahn, Paul D. Sonkin et Michael van Biema

L'analyse graphique des tendances boursières
Robert D. Edwards et John Magee

L'analyse technique expliquée
Martin J. Pring

Les écrits de Warren Buffett
Warren Buffett et Lawrence Cunningham

Réussir en trading
Van K. Tharp

Les bandes de Bollinger
John Bollinger

L'analyse technique des marchés financiers
John J. Murphy

L'interprétation des états financiers
Benjamin Graham et Spencer B. Meredith

L'investisseur aventurier
Jim Rogers

Entrez dans ma salle de trading
Alexander Elder

Mémoires d'un spéculateur
Edwin Lefèvre

Traders : entrez dans la zone
Mark Douglas

Histoire mondiale de la spéculation financière
Charles P. Kindleberger

Maximisez vos profits avec les chandeliers
Stephen W. Bigalow

Le Maître Swing Trader
Alan S. Farley

Le boom des matières premières
Jim Rogers

Une marche au hasard à travers la Bourse
Burton G. Malkiel

Nouvelles approches en analyse technique
Rick Bensignor

Le trading directionnel
Michael Covel

Trading gagnant
Marcel Link

Trading sur le Forex pour des gains maximum
Raghee Horner

Stratégies de trading à court terme
Linda Bradford Raschke et Laurence A. Connors

Leçons des maîtres de la Bourse
John Boik

Le graphique en Points et Figures
Thomas J. Dorsey

Capture des mouvements historiques à court terme
Jeff Cooper

Maîtriser le trade
John F. Carter

Hedge Funds Story
Steven Drobny

Entrées et sorties
Alexander Elder

Faire de l'argent avec les options
Lee Lowell

La stratégie des Tortues
Curtis M. Faith

Le petit livre pour investir à bon prix
Christopher H. Browne

Le petit livre pour investir avec bon sens
John Bogle

Le déclin du dollar
Addison Wiggin

Le guide d'exercices sur les chandeliers japonais
Steve Nison

Un investisseur en Chine
Jim Rogers

Secrets de long terme pour du trading à court terme
Larry Williams

Le grand krach du crédit
Charles R. Morris

Stratégies de trading sur trackers révélées
David Vomund

Cinq points pour réussir en trading
A.J. Monte et Rick Swope

Le petit livre pour s'enrichir
Louis Navellier

Le petit livre pour investir en temps de crise
Peter D. Schiff

Le choc des marchés
Mohamed El-Erian

Le swing trading par Dave Landry
Dave Landry

Le petit livre pour réussir en Bourse
Pat Dorsey

L'encyclopédie des configurations graphiques
Thomas N. Bulkowski

Sites internet

www.valor-editions.fr

www.metastock.fr

Couverture - Création par FMI
et impression par
Gráficas Santamaría, S.A.
Bekolarra, 4
01010 Vitoria-Gasteiz
Espagne

Dépôt légal 4ème trimestre 2009